林　陽子 編著
加城千波・大村恵実・金塚彩乃

女性差別撤廃条約と私たち

信山社

はしがき

　この本を執筆した4名は、弁護士として日々さまざまな事件に取り組んでいます。私たちは、裁判や法律は、人々の生活をより公正で豊かなものにするための手段であると信じ、奪われた権利を取り戻したい（あるいは、不当な請求をはねのけたい）と考える人たちの支援をしているのですが、時として、法律や制度そのものに時代の制約があるのではないか、と感じさせられることがあります。特に、「女性（あるいは男性）は、こうあるもの」という性別役割分業の思想が法律や制度に内包されている場合には、その役割に縛られた個人は、幸福な生活を送ることができません。

　日本政府は1985年に女性差別撤廃条約を批准し、それからすでに四半世紀が過ぎました。この間、条約の規定にしたがって、日本政府は報告書を女性差別撤廃委員会に定期的に提出し、1988年、1994年、2003年、2009年には報告書審査が行われました。しかしながら、この条約はいまだに日本の社会で十分な理解がなされておらず、また日本のジェンダー平等をめぐる政策は、この条約の求める水準に達していないのではないかと思われます。

　本書では、私たちが日々弁護士実務の中で直面している事象を考えるにあたり、日本の法律と女性差別撤廃条約の間にある溝（ギャップ）を検討し、条約が活かされればどのような変化が期待できるのかを紹介することを試みました。女性差別撤廃条約に関しては、逐条解説をはじめとする邦語文献

がすでに多数出版されておりますので、本書は国内法の問題点を網羅的に取り上げることは意図せず、執筆者が特に重要だと考えるテーマに論点を絞りました。

また、本書では、女性差別撤廃条約を生んだ「国連女性の10年」(1976年―1985年)の大きなテーマである「平等、開発、平和」を視野に入れ、日本の男女にとっての平等だけではなく、世界市民としての開発や平和の問題とこの条約がどのように関係しているのかをも考えたいと思いました。

弁護士実務を本業とする4名が執筆したため、「明日が締切り」の書面作成や尋問の準備が常に優先され、信山社の編集部の皆様にはご迷惑をおかけいたしました。辛抱強くお付き合いいただいた編集者の稲葉文子さんと今井守さんに心よりお礼申し上げます。

女性差別撤廃条約を日本に普及させることに本書が少しでも役立つのであれば、執筆者としては望外の幸せです。

2011年8月

林　陽　子

目　次

はしがき

◆ 第1章 ◆ **国際法としての女性差別撤廃条約** ………… *3*

◆ 第2章 ◆ **民法(家族法)改正** …………………… *11*

　　　　夫婦同姓強制　(*11*)
　　　　婚外子の差別の問題　(*13*)
　　　　待婚期間・婚姻年齢　(*16*)
　　　　日本国内での民法改正議論　(*17*)
　　　　条約の観点から　(*19*)

◆ 第3章 ◆ **性別役割分業** ……………………… *25*

　　　　男女の性別役割分業　(*25*)
　　　　ジェンダー・フリー・バッシング　(*26*)
　　　　条約の観点から　(*27*)
　　　　女性差別撤廃委員会の最終見解　(*28*)
　　　　身近な所にある固定的役割分担　(*29*)
　　　　条約と第三次男女共同参画基本計画　(*30*)
　　　　鍵としての条約　(*30*)

◆ 第4章 ◆ **雇用と賃金** ………………………… *33*

　　　　男女間の賃金格差　(*33*)
　　　　総合職と一般職── コース別雇用管理制度と賃金格差　(*33*)
　　　　同一価値労働・同一報酬の原則　(*35*)

同一価値労働とは　(36)
　　裁判所の対応　(36)
　　日本の雇用慣行に対する委員会の勧告　(37)
　　就業形態の差による賃金格差　(38)
　　職務評価の方法　(39)
　　賃金格差の解消へ　(41)

◆ 第5章 ◆ 育 児 休 業 ………………………………… 45
　　ワークライフバランス　(45)
　　育児休業法の歴史　(46)
　　育児休業法の概要　(47)
　　育児休業の問題　(48)
　　増え続ける育休切りや不利益取扱　(49)
　　法律と指針　(49)
　　男性労働者の育児休業取得　(51)
　　条約の観点から　(52)
　　委員会の最終見解　(54)
　　これからの社会に向けて　(55)

◆ 第6章 ◆ 過 労 死 ………………………………… 59
　　過労死と過労自殺　(59)
　　女性は過労死しないのか　(60)
　　社会の典型的なパターンと条約　(61)
　　労災補償の仕組みは女性に有利!?　(62)
　　社会保障についての条約の定め　(63)
　　安心して働けない　(63)
　　男性だけが一家の大黒柱？　(64)

日本の社会保障制度に共通する課題　*(65)*

　　　労災補償制度への挑戦　*(65)*

　　　制度見直しの必要　*(66)*

◆ **第7章** ◆　**高齢社会の問題** ………………………… *69*

　　　ハッピーな老後への憧れと現実　*(69)*

　　　女性高齢者の状況　*(70)*

　　　介護現場での役割分担意識　*(72)*

　　　高齢者対策の法制度　*(74)*

　　　今後のビジョンはあるのか　*(75)*

◆ **第8章** ◆　**政策・方針決定過程への参画** ……………… *79*

　　　日本の実情　*(80)*

　　　条約の規定　*(81)*

　　　女性差別撤廃委員会の勧告　*(82)*

　　　暫定的特別措置とは　*(83)*

　　　ポジティブ・アクションの功罪!?　*(83)*

　　　男女共同参画社会基本法では　*(84)*

　　　クォータ制度のあり方　*(85)*

　　　日本におけるクォータ制度導入の可能性　*(86)*

　　　ロールモデルの確保　*(87)*

◆ **第9章** ◆　**ドメスティック・バイオレンス（DV）** …… *89*

　　　ドメスティック・バイオレンス（DV）とは　*(89)*

　　　DVは、どうして起こるのか　*(91)*

　　　一般勧告19号と「女性に対する暴力の撤廃に
　　　　関する宣言」　*(93)*

DV防止法（配偶者からの暴力の防止及び
　　　被害者の保護に関する法律、2001年成立）　(93)
　　　DV被害の防止のために　(95)

◆ 第10章 ◆ **セクシュアル・ハラスメント** ……………… 99
　　　セクハラはなぜ起こる？なぜなくならない？　(99)
　　　セクハラは人権侵害である　(101)
　　　セクハラは差別である　(103)
　　　セクハラの被害は深刻である　(104)
　　　現状と対策　(105)

◆ 第11章 ◆ **女性に対する性暴力** ……………………… 109
　　　強かんに関する問題　(109)
　　　強かん罪の規定　(109)
　　　強かん罪規定の問題点　(110)
　　　強かん神話　(112)
　　　実際の調査結果　(113)
　　　裁判所における強かん神話　(114)
　　　条約の観点から　(115)

◆ 第12章 ◆ **人身売買、人身取引** ……………………… 121
　　　売買される女性　(121)
　　　条約批准後に起こった事件　(122)
　　　問題の本質と日本社会の受け止め方　(124)
　　　国連「人身取引議定書」と日本の対策　(126)

目　次

◆ 第 13 章 ◆ リプロダクティブ・ヘルス／ライツ …… *131*

　　　条約の規定　(*132*)
　　　妊娠中絶と堕胎罪　(*133*)
　　　ミレニアム開発目標(MDGs)　(*135*)
　　　生殖医療技術・不妊治療の進歩と女性への負担
　　　(*136*)

◆ 第 14 章 ◆ 平和と女性 ………………………………… *139*

　　　前文に宿る精神　(*139*)
　　　戦争と性的暴力 ── 武器としてのレイプ　(*139*)
　　　現代的な戦争と女性への暴力　(*140*)
　　　「不処罰」をなくす試み ── 国際刑事法廷　(*141*)
　　　国内法の改革　(*142*)
　　　安保理決議 1325　(*143*)
　　　決議 1325 の国内行動計画　(*143*)
　　　災害と女性　(*144*)

◆ 第 15 章 ◆ 開発と女性 ………………………………… *147*

　　　平等、開発、平和　(*147*)
　　　開発援助とジェンダー（WID から GAD へ）　(*148*)
　　　人間の安全保障　(*149*)
　　　ミレニアム開発目標（MDGs）　(*150*)
　　　「UN Women」の発足　(*151*)

ix

◆第16章◆ 個人通報制度 ………………… *155*

主要人権条約と個人通報制度 (*155*)
選択議定書ができるまで (*157*)
　個人通報制度——誰がどのような場合に申立できるのか (*158*)
　個人通報によってどのような救済がなされるのか (*159*)
申し立てられたケースから (*159*)
委員会の見解の効力とフォローアップ (*160*)
選択議定書受諾に向けて (*161*)

〈**資料1**〉女子に対するあらゆる形態の差別の撤廃に関する条約 (*165*)
〈**資料2**〉女子に対するあらゆる形態の差別の撤廃に関する条約の選択議定書 (*175*)

事項索引 (巻末)

女性差別撤廃条約と私たち

◇第1章◇ 国際法としての女性差別撤廃条約

国際法としての女性差別撤廃条約

女性差別撤廃条約(外務省の公定訳は、「女子に対するあらゆる形態の差別の撤廃に関する条約」)は、日本の国会で議決された法律(国内法)ではなく、国家間の合意である国際法です。

この条約は、「国連女性の10年」(1976年―1985年)の最大の成果文書として1979年の国連総会で成立をしました。批准をためらう日本政府に対して、超党派の議員をまとめて交渉をした市川房枝(参院議員。当時)は、「政府が条約を批准することは大事である、条約は時の政権によって中身を変えることができないから」と語ったと言われます。市川の予言どおり、女性差別撤廃条約は1985年に批准されて以降、現在まで日本の男女平等政策の指針となっています。

国際法の法源

国際法とは何か、を説明するためによく引用されるのが、国際司法裁判所規程です。同規程38条1項は、「国際法に従って」裁判をする基準として、条約、国際慣習法、法の一般原則、法則決定の補助手段(判決や学説など)を挙げていますが、ここでは最も重要な国際法の法源として条約(国家間の文書の形式による国際的な合意)が冒頭に掲げられています。なお「条約法に関するウィーン条約」は、ある国際的な約束が条約であるためには「名称のいかんを問わない」としており、規約・協定・議定書などさまざまな名称の条約が現に存在しています。したがって第

16章で紹介する女性差別撤廃条約の選択議定書も条約のひとつです。

　女性差別撤廃条約を理解するにあたっては、条約そのもののほかに、条約によって設立された女性差別撤廃委員会（The Committee on Elimination of Discrimination against Women の頭文字をとって、CEDAW［スィードゥまたはセドゥ］と呼ばれる）が策定する一般勧告や、国際組織での決議（たとえば、国連総会における「女性に対する暴力撤廃宣言」、北京女性会議における行動綱領など）が極めて重要な役割を果たしています。たとえば、現在、女性差別撤廃条約には「暴力」からの自由を定める明示的な規定がありませんが、CEDAW は一般勧告19号によって、女性に対する暴力は女性差別の一形態であるとして、締約国の報告書に実態・取り組みを記載することを求めています。

国際法の国内的効力

　国家は自国の管轄下にいる国民・外国人の人権を保障する国際法上の義務を負っていますが、国際人権条約（女性差別撤廃条約もそのひとつです）を締結することで、人権侵害の責任を国家間で追及され、さらに自国民からも条約を根拠に責任を追及されることになります。ある国で条約がどのような効力を持つのか、それを決めるのは各国の国内法です。日本の憲法は、日本国が締結した条約および確立された国際法規は、これを誠実に遵守することを必要とすると定め（98条2項）、条約は批准・公布されれば自動的に国内的効力があるとされています（条約の自動的受容と呼ばれます）。そして条約が国内的に効力がある以上、憲法や法律と矛盾抵触した場合に、どちらが優先するのか、という効力順位の問題が生じます。ここで「抵触」という場合にふたつのパターンが考えられます。ひとつは、すでに存在する法律や政令など国内法が条約に抵触する場合（積極的抵触）であり、もう

◇第1章◇ 国際法としての女性差別撤廃条約

ひとつは条約の規定を実施するための国内法が存在しない場合（消極的抵触）です[1]。前者の例としては、女性差別撤廃条約批准前の国籍法が、父系優先主義をとり、父が日本人である場合のみに子どもに日本国籍取得を認めていたものを、条約批准のために父母両系主義に改めたことが挙げられます。後者の例としては、条約11条が雇用の分野における女性差別を撤廃するすべての適当な措置を求めているのに対して、条約批准前にそのような措置が取られていなかったことから、男女雇用機会均等法を国内法の受け皿として制定した例が挙げられます。

条約の直接適用可能性　憲法、条約、法律の効力順位については、憲法は最高法規であり、条約にまさるが、条約は法律よりも優位であるとするのが通説・判例です[2]。さらに、条約の国内法的効力を考える際には、その条約の国内適用可能性（自動執行性とも呼ばれる）を見なければなりません。条約の中には、特別な立法措置をとらなくてもそのまま条約の内容を国内で適用・執行できるものと、特別な立法措置を必要とするものがあります[3]。その違いをどのように見分けるのか、に関しては、条約の規定の明確さを中心に据え、条約の規定がどのような場面に適用されるのか、請求の文脈は何か、を見ながら、事案ごとに判断すると考えるべきでしょう。たとえば、女性差別撤廃条約13条は、妊娠・出産に関する適切な保健サービスを提供することが国の義務であると定めています。では、この条文に基づいて、国に対して無償の不妊治療を求めることができるのか、を考えてみると、権利の詳細がより具体的に条約に書かれていない限り、むずかしいのではないかと思われます。しかし、ある法律や行政措置（たとえば厚生年金の遺族年金等の受給資格を男女で異なったものとする場合など、本書第6章参照）が女性差別撤廃条約に違反して無効だ、と主張する場合、給付請求

5

の場合ほどの詳細さは必要がなく、女性差別撤廃条約を直接適用することが可能であると考えます。

なお条約の規定は直接適用可能か否か、という二者択一なのではなく、たとえ直接適用が可能ではなくても、国内法を解釈適用する際に、条約の趣旨に沿った条約適合的な解釈をすることがなされるべきであり、これを条約の間接適用と呼んでいます。たとえば民法には「不法行為」という概念がありますが、これを具体的な事件にあてはめるときに、条約を援用ないし参照することが行われます。

国際人権条約の直接適用および間接適用を認めた代表的な判例として、東京高裁平成5年2月3日判決が被告人が無料で通訳の援助を受ける権利を規定した自由権規約14条3項(f)を直接適用し、被告人に通訳費用の負担を命じた原判決を取り消したのは前者の例です。また、婚外子の国籍取得に関して国籍法を違憲と判断した最高裁大法廷平成20年6月4日判決は、大法廷の判断として初めて自由権規約と子どもの権利条約に触れており、条約を間接適用した事例であると言えます。

条約の解釈権者 では、日本の国内法制が、条約に違反しているか否かを判断する権利は誰が持っているのでしょうか。条約の締結権は締約国にあり、条約を解釈し適用する権能は締約国、すなわち日本政府にあると考えざるを得ません。具体的には日本の行政府（内閣）が国を代表して条約の解釈、適用の権限を行使することになりますが、その解釈が正しいかどうかは、究極的には違憲審査権を持つ裁判所の判断に従うことになります。しかし、締約国の条約解釈が全く何の制約も受けない自由なものなのではなく、各国の行う条約解釈は、相手国ないし国際機関の了解と是認を得られるだけの合理性、衡平妥当性をそなえている必要があります[4]。

◇第1章◇ 国際法としての女性差別撤廃条約

締約国の差別撤廃義務
——一般勧告28号の特徴

したがって日本政府の行う条約解釈も、条約機関であるCEDAWの了解を得られるだけの合理性を持ったものでなければなりません。CEDAWによる条約解釈の指針の役割を果たしているのが、一般勧告であり、現在1号から28号までが発出されています。とりわけ最新の一般勧告である28号は、条約2条に基づく締約国の差別撤廃義務の内容を具体的に述べており、非常に重要なものです。特に注目すべきなのは、次のような内容です。

・締約国の差別撤廃義務は、2条だけを独立して読むのではなく、1条（差別の定義）、3条（政治的・社会的・経済的および文化的分野における男女平等）、4条（ポジティブ・アクション）、5条（性別役割分業の廃止）、24条（権利の完全な実現のためのすべての措置）とともに読まれるべきこと。

・締約国の差別撤廃義務は、作為・不作為を問わず、また差別が国家によるものか民間の企業・団体・個人によるものかを問わないこと。

・締約国の差別撤廃義務には、女性に対する直接および間接差別をなくすことを確保する義務を含むこと。

・締約国は、女性の法的および事実上の状況を評価し、あらゆる形態の女性に対する差別を完全に廃止し、男女の実質的な平等を実現する義務を負っていること。

・締約国の差別撤廃義務は即時的な性格を持つもので、漸進的に実現すればよいものではないこと。

条約違反の効果

日本政府は条約を批准したことにより、国家として、条約の内容を実施する国際法上の義務を負っていることになります。国際法上の義務とは、国家機関、行政区画（地方自治体など）、または個人の作為・不作為に対して国際法

上の責任を負うことであり、具体的には、国内法令と政府機関を介して、国際法上の義務の履行をすることになります。伝統的には、国家が国際法上、責任を負う個人とは、公務員であると考えられてきましたが、近年では一定の場合に私人（non state actors, 非国家主体とも言われる）の行為についても国家は責任を負うと考えられるようになってきました。上記で引用した一般勧告28号もそれを明記しています。

　CEDAWに申し立てられた個人通報の中にも、国家ではなく私人が加害者である事件について国の責任を追及するケースが出てきています。たとえば夫から受けているドメスティック・バイオレンスによる被害を申告していたのに警察・検察当局が夫の身柄拘束をしなかったために妻が殺害をされてしまったといったケースでは、NGOが申立人となり、十分な法的保護手続をとらなかった締約国に対する申立がなされ、CEDAWでは権利侵害があったと認めて救済の勧告を出しています（詳しくは本書第16章を参照）。

条約の履行を確保する方法　では条約の履行はどのようにして確保されるのでしょうか。

　現在、女性差別撤廃条約はふたつの制度を履行確保のための手続として規定しています。ひとつが政府報告書審査（国家報告制度とも呼ばれる）であり、条約の実施状況をCEDAWに政府が報告をし、勧告が発せられることです。もうひとつは個人通報・調査制度を定めた選択議定書であり、具体的なケースについての権利侵害の有無をCEDAWが確認し、勧告が発せられます（詳しくは本書第16章を参照）。しかしながら、政府報告書審査での最終見解および選択議定書下での見解は、いずれも法的拘束力はなく、そこで勧告された内容をどのように国内で実施するかについては、締約国である日本政府の裁量に委ねられています。

◇第1章◇国際法としての女性差別撤廃条約

　たとえば、日本の男女の賃金格差についてはCEDAWから度重ねて改善のための勧告を受けています（本書第4章参照）。これは同一価値労働・同一報酬という条約の要請に対し日本の国内法に受け皿がない（消極的抵触）例であり、日本政府には国内法を条約適合的に解釈し、CEDAWの了解を得られるような解決策を実行する国際法上の義務があります。しかしそのために、現行の労働基準法4条を改正するのか、新しく立法をするのか、あるいは立法的手段ではなく行政指導によって現状の改革をはかるのかについては、日本政府がどのような政策を展開するかの問題であり、国内実施の手段まで条約機関の勧告に拘束されることはありません。

　もうひとつの例として、夫婦同姓を強制している民法750条を考えてみましょう（夫婦の選択的別氏制度については本書第3章を参照）。「夫婦は婚姻に際して夫または妻の氏を称する」という民法の規定は、文言上は男女を差別するものではありません。しかし、上記で引用した一般勧告28号は、締約国の差別撤廃義務とは形式的なものであってはならず、女性が社会の中でおかれた事実上の状況を評価した上で、実質的な平等を確保するものでなければならない、としています。また条約は直接差別のみならず間接差別を禁止しており、男女のいずれかがそれまでの氏を喪失しないことには婚姻ができず、統計上は96％は女性が旧姓を喪失している現状からすると、民法の規定は条約が禁止する差別であることは疑いのないことと思われます。これは国内法が条約と積極的に抵触している例であり、賃金差別解消のような「受け皿」整備とは異なります。日本政府は条約の締約国として、すみやかに夫婦同姓を強制している民法を改正する国際法上の義務があります。

　近年では、個人通報の申し立てとそれに対するCEDAWの決定（見解）が、条約の義務の履行にとって重要になってきています（た

だし、日本政府は未だに個人通報制度に参加していません）。

　すでに国内で国の責任はないとの判決が確定していたとしても、個人通報手続が申し立てられ、締約国に条約違反ありと判断がなされた場合には、CEDAW は締約国に対して救済の勧告（場合によっては損害賠償の勧告を含む）を出します。この場合において、締約国が勧告を実施するために被害者に金銭を支払ったり法改正をする法的な根拠は何なのか、ということを疑問に思う人もいるかもしれませんが、それこそが条約を批准したことによる国際法上の効果であり、CEDAW から出された勧告がその法的な根拠になると考えます。

---

(1) 柳原正治ほか編『プラクティス国際法講義』（信山社、2010 年）「第 4 章　国際法と国内法の関係」（高田映）、「第 17 章　人権の国際的保障（1）」（申惠丰）参照
(2) 最高裁(大)昭和 34 年 12 月 16 日判決（刑集 13 巻 13 号 3225 頁、砂川事件）は、統治行為論を根拠に違憲判断を回避したが、「一見極めて明白に違憲無効であると認められない限りは」裁判所の司法審査権の範囲外のものである、とした。この反対解釈として、一定の場合に条約にも違憲審査がなされることを明らかにした点で、憲法優位説の根拠となっている。
(3) 国際法の国内的効力と直接適用可能性を区別し、実体的要件を述べている代表的な判例として、東京高裁平成 5 年 3 月 5 日判決（判時 1466 号 40 頁、シベリア抑留事件）がある。
(4) 山本草二「国家の条約解釈権能をめぐる課題」ジュリスト 1387 号（2009 年）17 頁

◇第2章◇ 民法(家族法)改正

　民法の中に、家族間の法律関係を扱った章があります。その中には、差別的な規定も未だ残っていて、国内的にもその改正が求められていますが、条約上も大きな問題を含み、女性差別撤廃員会からも、繰り返し民法の改正が求められています。

● 夫婦同姓強制 ●

夫婦の名字の問題について

　現在日本では、夫婦は結婚をする際に、夫または妻の氏を定めることとされています。必ずどちらかの姓にしなければならない一方で、文言上は、男女どちらの姓を選択してもいいということになっています。ですので、この部分だけを見て、日本の法律は性差別的ではない、と言われることもあります。しかし実際には、96％以上のケースで、婚姻に際しては、女性が夫の姓を選択しています。

夫婦の名字を一緒にすることの問題点

　この姓の問題に関する女性の考え方は様々です。

　大好きな人と同じ姓になることを幸せであると感じる女性も少なくありません。

　一方、好きな人と家庭を作ることと、名字の問題は全く別のことであると考える女性も少なくありません。しかも、結婚によって名字を変えることにより、様々な社会生活上の不便もあるため、とり

わけ仕事を持って働く女性にとっては、改姓は非常に大きな不利益となって立ち現れます。さらに、生まれてこの方使い続けた氏名はその人にとって不可欠なアイデンティティともなっています。とりわけ晩婚化が進んでいると言われている今日、女性の平均初婚年齢は、2009（平成21）年では28.7歳ですが、そうすると結婚によって名字を変えることは、30年近い年月の間に作られてきた、その人のアイデンティティを失わせることにもなります。さらに言えば、名字が変っていなければまだ結婚をしていない、名字が変っていれば結婚をした（あるいは離婚をした）というような形で、その氏名を名乗ることにより、結婚をしたかしていないかというプライバシーが明らかになってしまうという問題もあります。

　こうした改姓に伴う不都合を回避し、あるいは自分が生まれてからずっと使ってきた氏名の使用を継続するために、婚姻届を提出しない事実婚を選択する夫婦もいます。

事実婚に伴う制約　しかし、事実婚を選択した場合には、税法上扶養控除が受けられないということや（配偶者の扶養控除の制度の問題点についての議論はひとまずおきます。）、事実婚配偶者には相続権がありません。また、最近改正された臓器移植法によれば、臓器提供者は、親族への臓器の優先提供を希望することができるとされましたが（臓器移植法第6条の2）、この「親族」からは事実婚配偶者が除外されることとなっています（「臓器の移植に関する法律」の運用に関する指針2条1項）。

夫婦同氏の強制と憲法の問題　氏名は人格権の一部を構成するものと理解されています。私たちは、生まれた時から、ある氏名で自分を認識し、まわりもその氏名で自分のことを認識します。そうした氏名に関する権利の内容については様々なものが考えられますが、氏名は人が個人として尊重される基礎であり、

◇第2章◇民法(家族法)改正

その個人の人格の象徴である[1]と考えられることから、より根源的には、自分の意に反して自分の氏名を奪われることのない氏名保持権という権利を持っていると考えることができます。そして、そうした氏名保持権は、幸福追求権を保障した憲法13条により保障されるものだと解されます。

そこで、婚姻に際して、姓の変更を望まない女性に対しても、姓の変更を強制することは、女性から人格の一部である姓を奪うといった人格権の侵害とならないのか、ということが問題となるのです。

仕事での不便が問題であれば、通称使用でいいのではないかという声もあります。しかし、それですべての不都合が解消されるわけではなく、女性の人格権が問題になっている以上は、通称という便宜的な方法だけで権利侵害を解決することはできないでしょう。

また、姓を変えることを拒否するが故に法律婚ができないとすれば、結局氏名の保持を選ぶか、婚姻を選ぶかという二者択一を迫られます。また実際にはほとんどの場合においてそのような選択を迫られるのが女性であるといった事実は、婚姻の自由及び婚姻における両性の実質的平等を謳った憲法24条に違反することになるでしょう[2]。

婚外子の差別の問題

民法の抱えるもう一つの大きな問題として、婚外子に対する差別規定があります。

これまで、「嫡出でない子」は、住民票や戸籍の記載で「嫡出子」と異なる扱いを受けてきました（住民票では、婚内子の場合は「長女」「長男」等と記載されるのに対し、婚外子の場合は「男」「女」

と記載されていました。戸籍の場合は、「長女」「長男」等の代わりに「子」とだけ記されていました)。さらに、母親が外国人で父親が日本人の間に婚外子が生まれた場合、父親が子どもを認知し、その後両親が結婚をした場合でないと、日本国籍を取得できないともされていました。

　これらの差別は、当事者が声を上げ、司法の場に訴えることにより、一歩一歩克服されてきました。今では、住民票や戸籍上では、続柄の記載が婚内子と婚外子で統一されました。2008 (平成20) 年6月4日の最高裁大法廷は、母親が外国人で父親が日本人の両親から生まれた子どもの場合に、両親の婚姻の有無で子どもの国籍取得の可否が決まるのは不合理な差別であるとして、国籍法の規定は憲法に反すると判断しました。その後 2009 (平成21) 年に、国籍法改正がなされ、現在は、両親が婚姻をしていなくても、日本人父が子を認知することにより、子は日本国籍を取得できるようになりました。さらに、2010 (平成22) 年からは、出生届けの「父母との続き柄」欄に「嫡出子又は嫡出でない子の別」の記載しなくても、出生届けは受理されるようになりました[3]。

それでも残る民法の差別的規定

このように、一つ一つ婚外子の差別が克服されてきてはいますが、子を婚外子と婚内子とに分けて明確に区別することは民法という国の基本法の中で未だ認められています。これが民法900条4号但書きで、この条文ははっきりと「嫡出でない子の相続分は、嫡出である子の相続分の2分の1」としています。

　こうした差別的規定は、子どもを父母の婚姻の有無により「嫡出子」と「私生子」(父が認知をすれば「庶子」と呼ばれました)に区別した明治民法に遡ります。当時より、「庶子」の相続分は「嫡出子」の半分とされたのです。戦後、民法改正の際に、憲法の理念にも反

◇第2章◇民法(家族法)改正

するこのような規定を残すべきか否かの議論が行われましたが、最終的に政府委員が「正当な婚姻から生まれた子と、そうでない子とを区別するのは正当な婚姻を奨励尊重するための合理的な差別として是認される」としたために、今の民法にも「嫡出でない子」の相続分を「嫡出子」の相続分の半分とする規定が置かれたのです。

婚外子となる様々な状況
しかし、婚外子というと、夫が不貞行為をした結果、妻以外との間で生まれた子としてイメージされることがあるかも知れませんが、婚外子が生まれるのはそのような状況にとどまりません。例えば、事実婚を選んだカップルから生まれる子どもは、両親が婚姻届を出していない以上、必ず婚外子になります。あるいは、母親が婚姻中に子どもを持ったが(婚内子)、その夫との離別あるいは死別後に法律婚をしていない新しいパートナーとの間の子どもを生んだ場合には、その子どもは婚外子となり、母親の相続の時には、母親から生まれた兄弟間で相続分に差が生じてしまうことになります。

　婚外子となるか婚内子となるかということは、子ども自らが決められることでないにもかかわらず、子どもが差別を受けるのは不合理な差別というべきです。しかも、ライフスタイルが多様化している今日、様々な状況で婚外子は生まれます。また、戦後の民法改正のときに言われたように、婚外子の相続分を少なくすることにより「法律婚」を守るといっても、婚外子が生まれたときに相続分が半分になることが抑止力となって、家庭外で子どもを作ることが抑制されることになるとは考えられません。

違憲といわない最高裁判所
このような差別規定が法の下の平等を謳った憲法14条に違反するものだとして争われたいくつかのケースがあります。しかし、1995(平成7)年7月5日の最高裁大法廷判決が相続分に差を設けた民法の規定は、合理

的理由のない差別とはいえないとして合憲判決が出されて以降、まだ最高裁での違憲判決を見るにいたっていません。2003 (平成15) 年の最高裁判決では補足意見で「極めて違憲の疑いが濃い」とし、「可及的速やか」な法改正を求めるという裁判官や、民法900条4号但書きは違憲だとする裁判官が2名いましたが、僅差の多数意見としては、未だ民法900条4号但書きが違憲だとはされませんでした[4]。

待婚期間・婚姻年齢

以上に加え、民法には、明文で女性のみを名宛人として異なったルールを設けているものがあります。それが、待婚期間（再婚禁止期間）や婚姻年齢の規定です。

再婚禁止期間と嫡出推定

再婚禁止期間については、女性は離婚後、再婚するまで6カ月を置かないといけないということになっています。男性はすぐに再婚できるのとは大きな違いです。そして、離婚等による婚姻の解消後300日以内に生まれた子どもについては、前の夫が父親であると推定されることとなっています。こうした規定は、生まれてくる子どもの父親が誰かということを決めるために必要なものだなどと言われますが、科学技術がここまで発展した今日、そのような正当化はできません。

こうした問題が存在するために、離婚後300日以内に生まれた子の父性推定を覆すためには、前の夫に対し、嫡出否認の訴えを起こすか、本当の父親に子どもから（実際は母親が代理をして）裁判上での認知を求めるという方法が取られなくてはなりません。なお、最近の法務省の通達により、医師の作成する「懐胎時期に関する証明書」により、離婚後300日以内に子どもが生まれた場合であっても、推定される懐胎時期の最も早い日が、離婚等の婚姻解消の後で

◇第2章◇民法(家族法)改正

あることが明らかである場合には、前の夫ではなく実際の父親の子として戸籍上受理できることとなりました[5]。しかし、父性について争いがない場合であっても、裁判での手続きを取らなくてはならないことは当事者にとっては大きな負担であり、懐胎時期に関する証明書についても、使える場面は限られています。そのため、前の夫の子と戸籍上記載されることを避けるため、子の出生届けを出すことができない女性が存在し、その結果、戸籍を持たない子どもが実際に生じています。

婚姻適齢あるいは婚姻年齢

また、民法は、結婚ができる年齢として、女性は16歳、男性は18歳、と規定しています。しかし、この差はよく考えてみると不思議です。なぜ男女間でこのような差を設けなくてはならないのでしょうか。

本来結婚は、精神的、経済的に自立した男女が行うものということができます。しかし、女性は16歳で自立した大人であり、男性はそれよりも2年待たなければならないということは不合理です。むしろ、男女間でのこうした差は、女性は子どもを産むことができれば結婚してもよいが、男性の場合には家庭を養うために、それなりの教育を受け、それなりの年齢になっていなければならないという、男女の性別役割分担意識に支えられているものと考えられます。そう考えたとき、この年齢差を合理的に説明することはできないでしょう。

● **日本国内での民法改正議論** ●

本来家族に関する法律は、多様な個人の生き方を尊重しつつ、社会の変化とともに変化する家族のあり方を広く受けとめ、その上で合理的なルールを作ることにあると考えられます。したがって、家

族のあり方に合せて、柔軟に家族法を改正する国もあります。

　しかし、残念ながら日本では、家族法自体が個々人の多様なライフスタイルを容認する形で柔軟に改正されてきませんでした。

　こうした民法の規定の問題性については日本国内においても古くから認識されていました。

　もともとは、GHQの職員として日本国憲法24条の草案に携わったベアテ・シロタ・ゴードンさんは、憲法自体に婚外子差別禁止規定を設けることを求めていました[6]。

　夫婦同姓強制についても、もともとはGHQが両性の平等に反すると指摘していました。敗戦後の民法改正が行われた際にも、夫婦同氏強制の部分については将来的な改正が必要であるとの国会の付帯決議がなされています。その後、昭和20年代・30年代にも、夫婦別姓を認める必要があるのではないかという議論がなされてきました。そして、1991（平成3）年、政府の婦人問題企画推進本部内に設けられた「婦人問題企画推進有識者会議」で、「男女平等の見地から、夫婦の氏や待婚期間の在り方などを含めた婚姻及び離婚に関する法制の見直しを行う必要がある」とされました。そうして、1996（平成8）年には、選択的夫婦別姓を認め、婚外子の相続分差別規定を撤廃し、再婚禁止期間を300日から100日へと大幅に短縮し、婚姻可能年齢を男女ともに18歳とする内容の「民法の一部を改正する法律案要綱」が法務省法制審議会から公表されました。そこで、民法の差別的規定が一気に解消されるのではないかという機運が生まれましたが、多くの反対にあい、未だに実現していません。なお、これまでの間、法制審議会の公表した法律案要綱で実際に立法化されていないのは、民法改正案のみです。歴代の自民党政権のみならず、2009（平成21）年9月の政権交代によっても政府による民法改正法系提出の動きはありません。

◇第2章◇ 民法（家族法）改正

● 条約の観点から ●

　日本は現在、女性差別撤廃委員会をはじめ、自由権規約委員会等の国際機関から、民法の差別的規定の撤廃を求められています。日本国内で見たときだけでも、民法の規定は差別的であることは明らかですが、条約を通してみると、その不合理性が際立ちます。

　この点、最も明確なのが、夫婦の名字に関して触れた条約16条です。

　条約は、16条1項(g) において、婚姻及び家族関係に係る全ての事項について女性に対する差別を撤廃するために、姓を選択する権利を含む夫及び妻の同一の個人的権利の保障を締約国に求めています。

> 16条1　締約国は、婚姻及び家族関係に係るすべての事項について女子に対する差別を撤廃するためのすべての適当な措置をとるものとし、特に、男女の平等を基礎として次のことを確保する。
> 　(g) 夫及び妻の同一個人的権利（姓及び職業を選択する権利を含む。）

　これまで見てきた民法の規定は、女性に対する差別を温存しているという点において、2条(b) や2条(d) 等に違反するとも考えられます。

> 2条(b)　女子に対するすべての差別を禁止する適当な立法その他の措置（適切な場合には制裁を含む。）をとること。
> 2条(d)　女子に対する差別となるいかなる行為又は慣行も差し控え、かつ、公の当局及び機関がこの義務に従って行動することを確保すること。
> 2条(f)　女子に対する差別となる既存の法律、規則慣習及び慣行を修正し又は廃止するためのすべての適当な措置（立法を含む。）をとること。

　また、一見すると、性別に中立的に見える夫婦の名字の規定は、すでに見たとおり、実質的にはほとんどの場合女性が名字を変えるという帰結をもたらすという点において、慣習的な女性差別ということができます。ここでは、日本の状況は5条に違反しているということもできるでしょう。女性は結婚をすれば夫の家に入るものとして夫の姓への変更の強制は、男女の定型化された役割に基づく偏見であり、修正されなければならない社会的な行動様式でもあります。

> 5条　締約国は、次の目的のためのすべての適当な措置をとる。
> (a) 両性のいずれかの劣等性若しくは優越性の観念又は男女の定型化された役割に基づく偏見及び慣習その他あらゆる慣行の撤廃を実現するため、男女の社会的及び文化的な行動様式を修正すること。

◇第2章◇ 民法(家族法)改正

女性差別撤廃委員会の一般勧告——一般勧告21号

さらに、女性差別撤廃委員会は、家庭生活における女性の差別の問題を重視し、一般勧告21号において次のように述べて、家庭における両性の平等が実質的に図られるよう求めています。

「各パートナーは、共同体における個性及びアイデンティティーを保持し、社会の他の構成員と自己を区別するために、自己の姓を選択する権利を有するべきである。法もしくは慣習により、婚姻もしくはその解消に際して自己の姓の変更を強制される場合には、女性はこれらの権利を否定されている。」

女性差別撤廃委員会の最終見解

こうした条約上の義務にもかかわらず、上述した1996(平成8)年に法制審議会が作成した民法改正法律案要綱以降、15年の歳月を経ても一向に民法が変わる気配が日本にはありません。日本政府は、2008(平成20)年に女性差別撤廃委員会に提出された第6回政府報告書においては、「選択的夫婦別氏制度について、国民の議論が深まるよう引き続き努めている。」とするのみであり、真摯な対応姿勢を見せていません。そこで、女性差別撤廃委員会からは、日本に対し、厳しい目が向けられています。2009(平成21)年に行われた日本政府報告書審査の結果出された最終見解においては、以下のように厳しい勧告が日本政府に対し出されました。

「17. 委員会は、前回の最終見解における勧告にもかかわらず、民法における婚姻適齢、離婚後の女性の再婚禁止期間、及び夫婦の氏の選択に関する差別的な法規定が撤廃されていないことについて懸念を有する。更に、委員会は、戸籍制度及び相続に関する規定によって嫡出でない子が依然として差別を受けていることについて懸念を有する。委員会は、締

約国が、差別的法規定の撤廃が進んでいないことを説明するために世論調査を用いていることに懸念をもって留意する。
18. 委員会は、男女共に婚姻適齢を18歳に設定すること、女性のみに課せられている6カ月の再婚禁止期間を廃止すること、及び選択的夫婦別氏制度を採用することを内容とする民法改正のために早急な対策を講じるよう締約国に要請する。さらに、嫡出でない子とその母親に対する民法及び戸籍法の差別的規定を撤廃するよう締約国に要請する。委員会は、本条約の批准による締約国の義務は、世論調査の結果のみに依存するのではなく、本条約は締約国の国内法体制の一部であることから、本条約の規定に沿うように国内法を整備するという義務に基づくべきであることを指摘する。」

また、日本の状況を問題視しているのは、女性差別撤廃委員会だけではありません。自由権規約委員会も、2008（平成20）年の最終見解で以下のように述べています。

「委員会は、女性に影響を与える差別的な民法の条項、例えば離婚後6カ月間の女性の再婚禁止や男性と女性の婚姻年齢の相違への懸念を再度表明する。
締約国は、女性の待婚期間を廃止し、男性と女性の婚姻年齢を一致させるべく民法を改正するべきである。」
「委員会は、嫡出でない子が国籍の取得、相続権及び出生登録に関し差別をされていることに懸念を再度表明する。」
「締約国は、その法制度から、国籍法第3条、民法第900条4号及び出生届けに『嫡出』であるか否かを記載しなければならないとする戸籍法第49条1項1を含め、嫡出でない子を差別する条項を除去すべきである。」

その他にも、子どもの権利委員会からも、婚外子差別規定の撤廃が強く求められています。

　女性差別撤廃委員会からは、民法改正については2項目のフォローアップ項目のうちの一つとされ、2011（平成23）年8月までに

◇第２章◇ 民法(家族法)改正

日本政府は委員会に対して報告を行わなければならないこととなっていますが、残念ながら、現在の日本では進展はありません。
　個人を抑圧するものから個人を尊重する家族法への転換が急がれなければなりません。

---

(1) 最高裁(三小)昭和63年2月16日判決（民集42巻2号27頁）
(2) 古い審判例ではあるが、1957 (昭和32) 年という極めて早い段階で、東京家庭裁判所の加藤令造審判官は、以下のとおり述べて、夫婦同姓強制の問題点を浮き彫りにしている。「ところで、わが夫婦同氏の制度は、夫婦の一方に対し、その者の生来の表象であり同一性の標識であった氏の放棄および他方の氏へ改氏を強いることとなり、その者に対しただに精神的苦痛を与えるにとどまらず、改氏によって社会生活上の、なかんずく取引関係での混乱を惹起し、もって氏の不可変更性の根本理由である法的安定性を害するばかりでなく、婚姻による改氏を強いられるのが多く女性の側にある現実を見れば、憲法上保障される両性の実質的平等が実質的に冒される結果を招来するおそれさえあるうえ、本来婚姻と夫婦同氏制が必然的に連繋するものとは解されず、むしろ氏は婚姻から解放さるべきであるとする思潮を併せ考えると、婚姻に伴い氏を同じくするか別氏とするかの選択の余地のない夫婦同氏制は根本的に再考されなければならないであろう。」(東京家裁昭和34年6月15日審判（家月11巻8号119頁）
(3) 法務省民事局民事第一課長「嫡出でない子の出生の届出に当たり、届出書の『父母との続き柄』欄の記載等がなされていない場合の取扱について（通知）」法務省民一第729号平成22年3月24日
(4) 最高裁(一小)平成15年3月31日判決（集民209号307頁、判時1820号64頁）。この判決において、深澤武彦裁判官は、その反対意見の中で憲法13条及び14条を引いて「憲法が、家族に関する事項について法は、我が国の歴史、伝統、慣習、社会的諸事情、国民感情等を考慮しながらも、これにいたずらに追従するのではなく、個人の尊厳を重視したものでなければならないことを求めていると考えられる」とし、同じく反対意見を述べた泉徳治裁判官の「本件が提起するような問題は、立法作用によって解決されることが望ましいことはいうまでもない。しかし、多数決原理の民主制の過程において、本件のような少数グループは代表を得ることが困難な立場にあり、司法による救済が求められていると考える」とする指摘が重要である。また、補足意見を述べた島田二郎裁判官と深澤武彦裁判官が、

婚外子差別規定の撤廃を求める自由権規約委員会の意見を引用している点も重要である。
(5) 平成19年5月7日民一第1008号民事局第一課長通知
(6) 「第19条　嫡出でない子どもは法的に差別を受けず、法的に認められた子供同様に、身体的、知的、社会的に成長することに於いて機会を与えられる」(民法改正を考える会『よくわかる民法改正』、(朝陽会、2010年) 32頁参照)

◇第3章◇ 性別役割分業

● 男女の性別役割分業 ●

　私たちが生きているこの社会や家庭の中では、意識的・無意識的に、女性だから／男性だから、という理由だけで、様々な役割を押しつけられていることが少なくありません。このような役割分担を、社会学的には男女の「性別役割分業」といいます。性別役割分業は、古くは女性は家庭を守り、男性が外で働くという形で現われていましたが、最近では、男性は仕事、女性は家庭と仕事、という、「新性別役割意識」という新たな形態が存在するとも指摘されています[1][2]。また、こうした性別役割分業に基づき、男は〜であるべきだ、「女は〜であるべきだ」という規範を「ジェンダー」と呼ぶことがあります。「ジェンダー」は通常、生物学的な性別と対置された「社会的・文化的に形成された性」と言われますが、この概念は、こうした「男はこうあるべきだ・女はこうあるべきだ」という規範、及び多くの場合、男性的なものが女性的なものに優越するという規範の序列化・異性間の支配関係として捉えることができます[3]。

　こうした性別役割分業は、仕事と家庭という場面のみで現れるものではありません。女性は若く美しい方がいいといったことを含め、女性については男性を喜ばせる性的な側面がより強調される風潮もこうした性別役割分業に含めて考えることもできるでしょう。

　性別役割分業は、中立的であるべき裁判の場で現れることもしば

しばです。そのような裁判所の持つ性別役割分業の押し付けを私たちは「司法におけるジェンダー・バイアス」と呼びます。これは残念ながら離婚調停などの家事事件の場で未だに見られることで、男性が不貞行為をした、あるいは男性が暴力を振るったとして女性が離婚を求める中で、男性が不貞行為をするのは当然、少しくらい暴力を振るったとしても女性は耐えるべきという、古色蒼然とした発言がなされることは、残念ながら今でも少なくありません[4]。

このような性別による役割の押し付けは、本人の個性とは何ら結びつくものではありません。また、これまでの男性優位であった日本社会の中では、男性的なものは優れ、女性的なものは劣るという価値観は払拭されておらず、したがって性別役割分業はまた、社会の中における男性優位性を温存し、女性を不利な立場に立たせ、男女の序列化を固定化することにもなります。

そうした問題の認識から、個人の個性の発揮のためには、こうした性別役割から解放されるべきであるという動きが出てきます。

● ジェンダー・フリー・バッシング ●

ところが、こうした規範や規範の序列化から女性が解放されるべきである、という主張に対し、2002（平成14）年ころから、「ジェンダー・フリーはひな祭りを認めない」「ジェンダー・フリーはトイレも更衣室も男女一緒にする」などという根拠のない批判が大々的に展開されました。個人が自分自身をどのように表現していくか、生きていくかと言うことよりも、男はこうでなくてはならない、あるいは女はこうでなくてはならない、そしてその場合の男女とはあくまでも対等なものではなく、男性が優位する形での男らしさ、女らしさの維持と言うことが声高に叫ばれたのです。東京都の教育委員

◇第3章◇ 性別役割分業

会は、「ジェンダー・フリー」という言葉を用いることを2004（平成16）年に禁止し、教育の場面から男女混同名簿も廃止しました。

● 条約の観点から ●

しかし、言うまでもなく、女性のあるべき姿を社会が決めて、それを押しつけ、その上で女性を社会の不利な立場に置くということは条約が許すものではありません。

条約は、1条で差別の定義をし、女性が人権を享受することを阻害する効果を有するものも差別に含めています。従って、意図されていないものであったとしても、男女の役割を押し付けた結果、女性の人権の享受が阻害されることになれば、それを女性差別ということができます。

条約はさらに具体的に、2条と5条で、固定的な性別役割分業の解消を求めています。

2条　締約国は、女子に対するあらゆる形態の差別を非難し、女子に対する差別を撤廃する政策をすべての適当な手段により、かつ、遅滞なく追求することに合意し、及びこのため次のことを約束する。

(d) 女子に対する差別となるいかなる行為又は慣行も差し控え、かつ、公の当局及機関がこの義務に従って行動することを確保すること。

(f) 女子に対する差別となる既存の法律、規則、慣習及び慣行を修正し又は廃止するためのすべての適当な措置（立法を含む。）をとること。

> 5条　締約国は、次の目的のためのすべての適当な措置をとる。
> (a) 両性のいずれかの劣等性若しくは優越性の観念又は男女の定型化された役割に基づく偏見及び慣習その他あらゆる慣行の撤廃を実現するため、男女の社会的及び文化的な行動様式を修正すること。

女性差別撤廃委員会の最終見解

　日本も女性差別撤廃条約を批准している以上、固定的性別役割分業を解消する義務を負っています。しかし、残念ながら我が国では、条約の要求する義務を未だ実現しているとは言えません。

　日本では性別役割分業が未だに色濃く残っているという現状や、ジェンダー平等や女性の人権尊重に向けての動きに対する猛烈なバッシングが行われたことについて、女性差別撤廃委員会は、2009（平成21）年8月の日本政府に対する最終見解で以下のように述べました（パラグラフ29）。

　「委員会は、締約国において、男女間の不平等が存在しているにもかかわらず、女性の人権の認識と促進に対する「反動」が報告されていることに懸念を有する。委員会は、家父長制に基づく考え方や日本の家庭・社会における男女の役割と責任に関する深く根付いた固定的性別役割分担意識が残っていることを女性の人権の行使や享受を妨げる恐れがあるものとして引き続き懸念する。委員会は、こうした固定的性別役割分担意識の存続が、特にメディアや教科書、教材に反映されており、これらが教育に関する女性の伝統的な選択に影響を与え、家庭や家事の不平等な責任分担を助長し、ひいては、労働市場における女性の不利な立場や政治的・公的活動や意思決定過程への女性の低い参画をもたらしている

◇第3章◇ 性別役割分業

ことに留意する。さらに、委員会は、固定的性別役割分担意識にとらわれた姿勢が特にメディアに浸透しており、固定的役割分担意識に沿った男女の描写が頻繁に行われていることやポルノがメディアでますます浸透していることを懸念する。過剰な女性の性的描写は、女性を性的対象とみなす既存の固定観念を強化し、女児たちの自尊心を低下させ続けている。委員会は、公務員による性差別的発言が頻繁に起きていること及び女性に対する言葉の暴力を防止し処罰する措置が講じられていないことに懸念を表明する。」

● 身近な所にある固定的役割分担 ●

　女性差別撤廃委員会からの批判は痛烈です。そして、メディアや教科書といった身近なところから固定的役割分担意識が再生産されていくという指摘も重要です。日常の肌感覚の世界で、このような意識が作られ、維持されていくのです。実際、私たちの周りを見ると、テレビでは女性の若さと容姿が重要なものとされ(例えばニュースを見ていても、女性キャスターは若く美しい人、男性キャスターは年配で容姿を特に問われていない、ということが多いのではないでしょうか。そして、男性キャスターが知識を提供し、女性キャスターがその聞き役に徹するという構図が大半です。)、コマーシャルでは、お母さん役の女優が食卓でご飯を待つ夫や子どもたちのために食事を作り、トイレを磨いています。通勤電車の吊り広告にはビキニ姿の女性の半裸写真があふれ、隣の男性の読むスポーツ新聞の朝刊にはポルノ記事が大きく掲載されている、という光景は誰でも目にしていることと思われます[5]。

条約と第三次男女共同参画基本計画

　こうした性別役割分業については、国もその解消に向けて動き始めています。その動きの基本となるのが1999（平成11）年に制定された男女共同参画社会基本法であり、第三次男女共同参画基本計画においても、「男女共同参画社会の実現は、女性にとっても男性にとっても生きやすい社会を作ることであり、政府一体となって取り組むべき最重要課題である。」として、その目指すべきの目標の一番初めに「固定的性別役割分担意識をなくした男女平等の社会」が挙げられています。そして、この第三次男女共同参画基本計画は、上記の女性差別撤廃委員会からの痛烈な批判を受け、同基本計画策定に当たっての基本的考え方として、「女子差別撤廃委員会の最終見解における指摘事項について点検する」ということが挙げられています。そして、例えばメディアについては、同計画の中で内閣府及び外務省が担当するべきとされる取組として「メディアにおける女性の人権の尊重のための取組の支援」が上げられていますが、その内容としては、「女子差別撤廃条約等の国際規範や女子差別撤廃委員会が勧告している固定的性別教育やメディアの分野について、その内容をメディア及び国民各層に周知徹底をする」というものがあります。

鍵としての条約

　男女の性別に基づく役割分担は、身近に存在し、ともすれば気付かれることもなく、自分も他人もあたかもそれが当然のことであるかのように思ってしまうことも少なくありません。第三次男女共同参画基本計画も、「男女共同参画社会の形成のためには、社会制度・慣行が実質的に男女にどのような影響を及ぼすのか常に検討されな

◇第3章◇性別役割分業

ければならない。(……)男女共同参画の視点から見た場合、明示的に性別による区別を設けていない場合でも、男女のおかれている立場の違いなどを反映して、結果的に男女に中立的に機能しない場合がある」としています。つまり、この基本計画でも明らかなとおり何が性別役割分業に基づくものなのかということを検討すること、ジェンダー・センシティヴになること、つまり当然と思われてきたこれまでの慣行に実はジェンダー・バイアスが存在していないのかを考え続けることが重要です。これからこの本で見ていく問題も、こうした、「男はこうあるべき（男であれば～をしても許される）」、「女はこうあるべき（女は～をしてはならない）」といった意識に裏打ちされた結果生じ、なかなか社会の中から解消されないものも多く存在します。それは女性の生き方を制約しているだけではなく、世界の中でも非常に高い男性自殺率に象徴されるような、男性の生きにくさの原因にもなっています。

　しかし、個人それぞれを尊重する考え方の下では、各個人の個性を大切にし、その性別を理由として、当事者が望まない役割の強制を解消していかなければなりません。このような社会の構築や社会意識の変革は一朝一夕にできるものではないとしても、まさにそれゆえに、条約は国の義務として、性別役割分業の解消を求めているのです。日本にある現在の法律だけでは、すぐに差別である、といいにくいものがあったとしても、条約を通したとき、日本社会が抱える問題が浮き彫りにされてきます。

　それでは以下では、日本で今なお生じている女性差別の問題ついて、条約がどのように問題解決の鍵を握っているのかということを見ていくことにしましょう。

(1) 松井真一「女性のケア意識と家事分担満足感——伝統的役割意識とケア意識の違いに関する実証的検討」立命館産業社会論集第 45 巻第 4 号 (2010 年) 105 頁
(2) また、こうした状況の存在は、夫婦の家事分担に関し、厚生労働省が 2008 年に行った「第 4 回全国家庭動向調査」で示された以下の数値が雄弁に物語っている。
　・妻が常勤で働く場合であっても、その 3 割以上が、平日 4 時間以上の家事労働を行っている。
　・妻の就業形態がどのようなものであっても、妻の家事分担割が 8 割を超すケースが多く、妻が常勤であっても、夫が全く家事を分担していないケースも全体の 16 パーセントある。

　さらに、2008 年の総務省統計局の調査によれば、子のいない共働きの夫婦の場合、一週間当たりの平均家事関連時間は、男性が 38 分であるのに対し、女性は 3 時間 35 分と長い時間を費やしていることも明らかになっている。
(3) 日本女性学会ジェンダー研究会編『Q&A 男女共同参画／ジェンダー・フリー・バッシング』(明石書店、2006 年) 13 頁以下
(4) 詳しくは第二東京弁護士会両性の平等に関する委員会／司法におけるジェンダー問題諮問会議編『事例で学ぶ 司法におけるジェンダーバイアス』(明石書店、2009 年) 参照
(5) 女性差別撤廃委員会によりとりわけ問題とされたのは、日本のゲームメーカーが販売する「レイプレイ」という名前のゲームである。このゲームではプレイヤーが母親とその娘二人を次々と様々な方法でレイプをし、ストーリーを展開される。日本は、外国からの批判を受けて、初めてこの問題を取り上げた。

◇第4章◇ 雇用と賃金

● 男女間の賃金格差

　2009 (平成21) 年度の厚生労働省の統計[1]によると、日本の女性は、男性の 69.8%（正社員の場合は 72.6%）の賃金しか受け取っていません。しかも、この比較は、所定内賃金の比較に過ぎず、賞与などは含まれていません。同じ年の統計でイギリスが 80.2%、アメリカが 79.9%、ドイツが 75.5%、フランスが 74.4%で[2]、日本では、女性差別撤廃条約を批准した 1985年から若干の改善は見られるものの、依然として先進国最大の賃金格差があり、このことがUNDPによるジェンダー・エンパワーメント指数などの国際的な評価を下げている原因となっています。

　賃金格差の要因として、厚生労働省は、「女性は男性に比べて年齢とともに賃金が上昇しないこと」、「男女の平均勤続年数や管理職比率の差異」を挙げています[3]。賃金格差の原因には、さまざまな雇用制度や雇用慣行が背景にあると考えられますが、まずは身近な制度を振り返りたいと思います。

● 総合職と一般職──コース別雇用管理制度と賃金格差

　たとえば、「OL（オフィスレディー）」という言葉がよく聞かれますが、日本特有の言葉遣いです。主に定型的業務に従事する一般職

の女性を指すことが多く、日本の雇用慣行の特色を現しているといえます。

日本では、一般職と、より専門的な業務や主体的判断を伴う基幹業務に従事する総合職が区別され、それぞれ別の雇用管理システムがとられている会社が多くあります。そして、一般職と総合職では、賃金体系にも大きな差があるのが通常です。このように、労働者の職種、資格等に基づいて複数のコースを設定し、コースごとに異なる配置・昇進、教育訓練等の雇用管理を行うシステムを、「コース別雇用管理制度」といいます[4]。

このコース別雇用管理制度が導入される以前は、多くの企業で男女別の雇用管理制度が採られていました。日本の労働基準法4条は、「使用者は、労働者が女性であることを理由として、賃金について男性と差別的取扱いをしてはならない」と定めていますが、採用、配置、昇進、教育訓練等について、男性と女性を差別して取り扱う雇用管理体系の下に置いても、その結果として生じる賃金の差については、労働基準法による規制の対象外だからです。

しかし、日本が女性差別撤廃条約を批准するにあたって、条約の規定（特に、雇用の分野における女性に対する差別の撤廃を求める11条）と矛盾しない国内法を整備することが求められたため、昭和60年に男女雇用機会均等法が制定されました[5]。同法は、制定当時は、募集・採用や配置、昇進について、女性と男性に均等な機会を与える努力義務にとどまっていましたが[6]、同法制定以降、男女別の雇用管理制度に代替する、性別とは関係がない雇用管理制度として多くの企業で採用されるようになったのが、コース別雇用管理制度です。

ところが、コース別雇用管理制度の実情を見ると、「性別とは関係がない」とは言い切れないことが浮き彫りになってきます。たとえ

ば、厚生労働省の「コース別雇用管理制度の実施・指導等状況」調査（2008（平成20）年12月14日付）によると、2008年時点の在職者のうち、総合職に占める女性の割合は6.0%、一般職に占める女性の割合は77.9%であり、5000人以上の規模の企業においては、その割合は90.0%、一般職に占める女性の割合が100%である企業は30.1%となっています。このように、総合職の大多数を男性が占め、一般職の大多数を女性が占める実態からすると、コース別雇用管理制度は、従前採用されてきた男女別雇用管理制度と実質的には異ならないと評価し得るのです。

同一価値労働・同一報酬の原則

以上のような日本の実情を踏まえて、条約11条の規定を読んでみましょう。

> 11条1　締約国は、男女の平等を基礎として同一の権利、特に次の権利を確保することを目的として、雇用の分野における女子に対する差別を撤廃するためのすべての適当な措置をとる。
> (d) 同一価値の労働についての同一報酬（手当を含む。）及び同一待遇についての権利並びに労働の質の評価に関する取扱いの平等についての権利

この条約11条(d)に定められている原則が、男女の「同一価値労働・同一報酬」と呼ばれる原則です。労働の対価として支払われる賃金及びその他一切の報酬は、労働の価値が同じである以上は、男性と女性の間で同じでなければならないことを意味し、同原則は、「同一価値の労働についての男女労働者に対する同一報酬に関する

条約」(ILO100号条約・1951 (昭和26) 年) に規定されています[7]。

ILO100号条約に関するILO90号勧告は、同原則について、「一般的な適用のため、適当な場合には、法律で規定しなければならない」としていますが、労働基準法4条は、「同一価値労働・同一報酬」と規定しているわけではありません。この点について、ILO条約・勧告適用専門家委員会は、2007（平成19）年に、同原則を規定するように法律改正のための手段をとることを日本政府に勧告しています。

● 同一価値労働とは ●

さて、条約の要求である「同一価値労働・同一報酬」の原則を実施するうえで、「同一価値労働」であることはどのように見極めたらよいのでしょうか。そもそも、「労働の価値」とは、担当する仕事の形式的な分類や名称が異なる場合であっても、実質的に同一の価値のある労働であることです。比較する対象は、同じ職種であるとか、同じコース内の職務であることには限定されません。厚生労働省は、男女雇用機会均等法の指針において、同一雇用管理区分内（たとえば、同じコース内）で、性によって取り扱いに差異を設けないように指導していますが[8]、さきのILO勧告は、この指針についても、「企業によって設定された異なる各雇用管理区分の中での比較に限定されてはならない」と指摘しています。

● 裁判所の対応 ●

では、こういった雇用慣行について、裁判所はどのように対応しているのでしょうか。

残念ながら、男女間の昇進・昇格差別および賃金格差を争う事件

◇第4章◇雇用と賃金

について、裁判所の判決には、当時の企業全般の慣行や社会の風潮を理由として、一定の時期以前の救済を否定する例が多くみられます。たとえば、住友電工で働く女性たちが提訴した事件では、「男女間での取り扱いの差異は、憲法14条に定められる平等原則の趣旨に反するが、民法90条に定められる公序良俗には違反しない」として請求が退けられ[9]、その不当性がマスコミに取り上げられました。裁判所は、原告たちが勤務を開始した昭和40年代は、「男子は経済的に家庭を支え、女子は結婚して家庭に入り、家事育児に専念するという役割分担意識」や女性の勤続年数が短かったことから、当時の企業慣行はやむを得ないと述べたのです。

また、裁判所が、男女間の賃金格差を認定しても、男性の従事していた職務と女性の従事していた職務の価値を比較したうえで、その賃金格差を男女差別に基づくものと指摘した裁判例はほとんどありません。近時、2008（平成20）年に判決が出された兼松事件では、「職務の困難性」を比較し、男女雇用機会均等法が制定された1985（昭和60）年以降の賃金差別について、労働基準法4条に違反するとしましたが、やはり「職務の価値」という言葉は使用されませんでした[10]。

● 日本の雇用慣行に対する委員会の勧告 ●

女性差別撤廃委員会は、2009（平成21）年8月の第6回政府報告書審査において、以下の点に懸念を表明しました[11]。

・男女間の明白な水平的・垂直的職務分離に反映されている、労働市場における女性の不利な状況
・「雇用管理区分」が、女性を差別するコース別制度を導入する余地を雇用主に与えている可能性
・フルタイムの労働者の男女間の時間あたり賃金格差が32.2％と非常

に大きく、パートタイム労働者の間ではこの性別に基づく賃金格差がさらに大きいという現状が根強く続いていること
・有期雇用及びパートタイム雇用の多数を女性労働者が占めていること
・ILO100号条約に沿った同一労働及び同一価値の労働に対する同一報酬の原則と認識できる条項が、労働基準法にないこと

　委員会は、上記各点を指摘した上で、「垂直的・水平的職務分離を撤廃し、性別に基づく男女間の賃金格差を是正するため」、「暫定的特別措置(12)を含め、具体的措置を講じる」よう、日本政府に対して勧告しました(13)。

　委員会が述べる「水平的職務分離」とは、コース別雇用管理制度に見られるように、仕事の職域、職種に男性と女性で格差があることを指しています。他方、「垂直的職務分離」とは、女性の管理職登用率の低さに見られるように、職位の男女間格差があること、そして、職位に連動した賃金体系が採られている以上は、それだけ女性の賃金が低く抑えられていることを指しています。実際、厚生労働省の2009（平成21）年度雇用均等基本調査によると、係長相当職以上の管理職全体に占める женщин女性の割合は、8.0%でした（部長相当職3.1%、課長相当職5.0%、係長相当職11.1%）(14)。

● 就業形態の差による賃金格差

　また、委員会が指摘しているように、男性と女性の就業形態の差による賃金格差についても注意を払う必要があります。一般に正規雇用よりも賃金が低く、賞与等の待遇面でも差のあるパートタイム労働や派遣労働に、女性が高い比率を占めています。2010（平成22）年の統計では、女性の非正規雇用労働者の割合は、53.3%、男性の

◇第4章◇ 雇用と賃金

非正規雇用労働者は18.2％で[15]、女性の非正規雇用労働者の割合が圧倒的に高くなっています。

非正規雇用労働者の賃金格差についても裁判例があり、臨時職員として勤務していた既婚女性たちが原告となった丸子警報機事件は[16]、ILO100号条約と同一価値労働・同一報酬原則に触れています。裁判所は、「同一価値労働同一賃金の原則が、労働関係を規律する一般的な法規範として存在していると認めることはできない」としながらも、「賃金格差が現に存在しその違法性が争われているときは、その違法性の判断にあたり、この原則の理念が考慮されないで良いというわけでは決してない」と述べて、同一価値労働同一賃金の原則の基礎にある均等待遇の理念が、賃金格差の違法性判断の重要な判断要素のひとつであるとしています。

非正規雇用労働者の保護は、近時大きな課題となり、2007（平成19）年にはパートタイム労働法[17]が改正されました。同改正法は、職務の内容（業務の内容と責任の程度）が通常の労働者と同じ場合、職場での教育訓練の機会も同様に与えられることのほか、人材登用の方法（職務の内容と配置）が同じ期間は、賃金の決定方法も同じであること、さらに人材登用の方法が退職まで同一である場合には、すべての待遇面で差別的取扱いが禁止されることを明示し、パートタイム労働者の保護を強化しました。

● 職務評価の方法 ●

これまで、日本の実態とそれに対する裁判所の対応、そしてILO、女性差別撤廃委員会の勧告内容を見てきましたが、同一価値労働・同一報酬を実現するには、実際にどのような方法が考えられるのでしょうか。委員会は、「同一価値労働に対する同一報酬についての

一般勧告13号」の中で、「女性が現在支配的である様々な性質の職務と、男性が現在支配的である職務との価値の比較を容易にする男女の区別のない基準に基づく勤務評価制度の研究、開発及び採択」を検討するよう、各国に求めています。これは、同一の価値を有すると考えられる労働に従事しているにもかかわらず、異なる職務区分に所属するとの取扱いによって、職務ごとの異なる賃金体系が適用され、実際の効果として男性と女性に賃金格差が生じる実態を念頭に置いた一般勧告で、それだけこの課題が普遍的であることを示しています。また、男性と女性が異なる職務に就くことが多い現状の下では、同じ職務に就いている男性との比較に限らず、違う職務に就いている男性との比較によって、女性の賃金が男性と比べて低く抑えられている実態を明らかにする必要があります。

労働の価値の比較が容易にできる「男女の区別のない基準に基づく職務評価制度」について、ILOのガイドブック「平等な賃金実現のためのジェンダー中立的な職務評価」は、まず、同一価値労働・同一賃金原則を実現するための委員会を設ける方法、比較する職務の選定の方法、情報収集と結果分析の方法などを紹介しています。そのうえで、職務評価の方法について、「労働の価値」を評価する基準となる基礎ファクターとして、(1)（職務が要求する）知識・技能、(2)負担、(3)責任（当該職務遂行のために要求される）、(4)労働環境、を設定し、それぞれの指標について、性中立的な二次的指標（ジェンダーニュートラル・サブファクター）を設けることとしています。たとえば、技能でいえば、製品に関する知識や、文書作成力、分析力、コミュニケーション力など、努力でいえば、対人折衝が必要か、反復的動作が必要か、責任については、物品管理や部下の指導監督の必要性、労働環境については、騒音にさらされるか、夜勤があるか、急な仕事の要請に応じなければならないか、な

◇第4章◇ 雇用と賃金

どさまざまな二次的指標が考えられます。このような指標を立てたうえで、それぞれの仕事をポイント加算制で評価するのです。これが労働の価値の測り方のひとつのモデルです[18]。

賃金格差の解消へ

厚生労働省は、「変化する賃金・雇用制度の下における男女間賃金格差に関する研究会報告書」を受けて、2010(平成22)年8月に、「男女間賃金格差解消に向けた労使の取組支援のためのガイドライン」を発表し[19]、「労使による自主的な見直しの取組」を促しています。

ガイドラインに示されているように、まず、企業内に存在する賃金格差を明確化することは、格差解消に向けた取組みの第一歩であることは間違いありません。また、ガイドラインの中で、「人事評価基準の公正性、明確性、透明性の確保、評価結果のフィードバック」をすることや、「配置や職務の難易度、能力開発機会の与え方、評価で、男女で異なる取扱いをしていないかを現場レベルでチェック」することを指摘している点も、客観的な「男女の区別のない基準に基づく勤務評価制度」の確立に向けた動きとして注目されます。

他方で、雇用慣行の改善に向けた労使の自主的な取組みのためには、その基本となる法律や確固とした政策の存在が前提となるでしょう。労働基準法に「同一価値労働・同一報酬」の原則を明記するための法改正に向けた具体的方策の検討や、勤務評価制度確立のための比較法的研究、評価制度を導入するために企業のモチベーションをどのように向上させるかといった政策的議論は、さらなる発展が必要です。2010(平成22)年に策定された第三次男女共同参画基本計画には、ILO100号条約の実効性確保のため、職務評価手法等の研究開発を進めることが盛り込まれました。

女性が出産や育児により勤続を中断しない雇用のあり方や、女性の管理職登用率の引き上げを含むポジティブアクションの導入、そして勤続年数だけに特化しないことを含む、客観的で明朗な勤務評価制度の確立など、賃金格差解消のための課題は多様にあります。
　個人個人の啓発、企業内の改革とともに、それを支える法改正・法案整備や政策作りに、私たちが関心を持って取り組んでいくことが大切です。

---

(1) 厚生労働省 平成22年4月9日「変化する賃金・雇用制度の下における男女間賃金格差に関する研究会報告書」
(2) 同上
(3) 同上
(4) 厚生労働省雇用均等・児童家庭局長 平成19年1月22日「『コース等で区分した雇用管理についての留意事項』による啓発指導について」
(5) 勤労婦人福祉法の改正法として、「雇用の分野における男女の均等な機会及び待遇の確保等女子労働者の福祉の増進に関する法律」が制定され、平成9年の改正時には、「雇用の分野における男女の均等な機会及び待遇の確保等に関する法律」と改称された。
(6) 男女雇用機会均等法は、平成9年、平成18年と改正された（それぞれ平成11年4月、平成19年4月より施行）。とりわけ、平成9年の改正では、平等取扱いの努力義務は、差別的取扱いの禁止として強行規定となるとともに、対象となる範囲も募集、採用、配置、昇進に拡大された。また、ポジティブアクションやセクシュアルハラスメントに関する規定が設けられた。平成18年の改正では、総合職の募集・採用時に全国転勤を要件とすること、募集・採用時に労働者の身長、体重または体力を要件とすること、昇進にあたって、転勤経験があることを要件とすることが間接差別（採用、配置転換、昇進や賃金の設定について、外見上は、一方の性に対する差別とは見えないのに、ある要件が課されることによって、実質的には、一方の性に不利に働く効果を持つこと）として禁止の対象となった。
(7) 日本は、ILO100号条約を1967（昭和42）年に批准した。
(8) 「労働者に対する性別を理由とする差別の禁止等に関する規定に定める事項に関し、事業主が適切に対処するための指針」（平成18年厚生労働省告示614号）。

◇第 4 章◇ 雇用と賃金

(9) 大阪地裁平成 12 年 7 月 31 日判決（裁判所 HP、判タ 1080 号 126 頁）
(10) 東京高裁平成 20 年 1 月 31 日判決（労働判例 959 号 85 頁）
(11) 45 項。日本政府訳
(12) いわゆる「ポジティブ・アクション」。その定義は、第 8 章参照
(13) 46 項。日本政府訳
(14) 厚生労働省　平成 22 年 4 月 9 日「変化する賃金・雇用制度の下における男女間賃金格差に関する研究会報告書」は、賃金格差の要因として、男性のほうが年齢による賃金上昇が大きいことと並んで、男女の勤続年数の差異や管理職に占める女性の割合が低いことを挙げている。
(15) 総務省統計局労働力調査
(16) 長野地裁上田支部平成 8 年 3 月 15 日判決（判タ 905 号 276 頁）
(17) 短時間労働者の雇用管理の改善等に関する法律
(18) Promoting Equity, Gender-Neutral Job Evaluation for Equal Pay: A Step-By-Step Guide, International Labour Office, 2008. ILO 駐日事務所ウェブサイト参照
(19) 平成 22 年 8 月 31 日付

◇第5章◇ 育児休業

ワークライフバランス

　今日、仕事と家庭の両立、「ワーク・ライフ・バランス」の重要性がかつてないほど認識されてきています。プライベートの時間を持てないほどの長時間労働はそれ自体も問題ですが、夫が家庭で過ごす時間を持てないということは、多くの場合、もう一方の配偶者である妻が家事や育児を担当しないと生活が回らないということに帰結します。その結果、男は仕事、女は家事育児という性別役割分担が固定化されることともなります[1]。女性の社会進出や育児をしたいという男性の増加の中、そのような働き方を見直そうと、ワーク・ライフ・バランス実現のためにいろいろな取組が始まって来ています。

　そして、これまで、長時間労働や過労死の問題を受け、日本政府自体も、全労働者の平均労働時間を短縮するということだけでは不十分であり、「経済社会を持続可能なものとしていくためには、その担い手である労働者が、心身の健康を維持できることはもとより、職業生活の各段階において、家庭生活、自発的な職業能力開発、地域活動等に必要とされる時間と労働時間を柔軟に組み合わせ、心身共に充実した状態で意欲と能力を十分に発揮できる環境を整備していくことが必要となっている」と指摘するようになりました。2007（平成19）年には、政・労・使の合意によって「ワークライフバラン

ス憲章」も制定され、「国民一人ひとりがやりがいや充実感を感じながら働き、仕事上の責任を果たすとともに、家庭や地域生活においても、子育て期、中高年期といった人生の各段階に応じて多様な生き方が選択・実現できる社会」のための行動指針が策定されました。ここに、労働時間だけでなく、個々人の生活の重要性が明確に認識されたのです[2]。

　このような社会の流れの中で、この章で注目したいのが、育児休業の制度です。育児休業の制度は、性別を問わず男女労働者双方に認められた法律上の重要な権利です。完全な制度とは言えないにしても、男女両方の労働者が子育てにじっくり関与することが権利として認められているのです。そうであるにもかかわらず、育児休業を取得することに伴う様々な問題があるとともに、育児休業の規定自体は性別に中立的でありながら、育児休業に伴う問題は女性の問題として現れるというところに、性別役割分業の問題を見て取ることができます。こうした育児休業の持つ問題について、見ていきましょう。

● 育児休業法の歴史 ●

　今日、私たちがいうところの育児休業の前身は、雇用機会均等法の基礎となった勤労婦人福祉法の中で、企業の努力義務として認められた育児休業の制度に遡ることができます[3]。その後、1975（昭和50）年には、国・地方公共団体の学校や施設に勤務する女性の教員、看護婦、保母のみを対象に育児休業が法制化されることとなりました。1985（昭和60）年に制定された雇用機会均等法では育児休業は事業主の努力義務にとどまっていましたが、1991（平成3）年には、女性だけではなく男性も取得することのできる権利としての

◇第5章◇ 育 児 休 業

育児休業が発足し、雇用保険から休業中の手当が支払われるようになりました。1995（平成7）年には、介護休業も併せて法制化され、法律は、「育児休業、介護休業等育児又は家族介護を行う労働者の福祉に関する法律」と名を改めました。育児休業法は、その後も何回も改正を重ね、現在では賃金の50％の育児休業給付金が支給されることとなっています。こうして、子育てをしながら仕事ができる環境整備のための土壌が日本でも作られつつあります。

● 育児休業法の概要 ●

現在育児休業については、概略、以下のような制度が設けられています。

―― 子どもが1歳（場合によっては1歳6カ月まで）になるまでの間、労働者は育児休業を取得することができ、事業主は育児休業取得の請求を拒否することはできない
―― 3歳までの子を養育する労働者について、事業主は短時間勤務制度（一日6時間）を設けなければならず、また労働者から請求があったときには、所定外労働（残業・深夜労働）を免除しなくてはならない
―― 事業主は、小学校入学前の子を養育する労働者が請求したときは、事業の正常な運営を妨げる場合を除き、1カ月24時間、1年150時間を超えて労働時間を延長して労働させ、また深夜（午後10時から午前5時まで）において労働させてはならない
―― 小学校入学前の子が、負傷または疾病で看護を必要とする場合には、労働者は1年5日、小学校就学前の子が2人いる場

合には10日まで、看護休暇を取得することができる
——父母がともに育児をする場合には、育児休業期間が延長され、子が1歳2カ月になるまでの間に、1年間育児休業を取得することができる（いわゆる「パパママ育休プラス」）
——出産後8週間以内に父親が育児休業を取得した場合、父親は再度育児休業を取得することができる
——配偶者が専業主婦（夫）であっても、育児休業を取得することができる
——労働者が育児休業を取得したことを理由として不利益取扱をしてはならない

育児休業の問題

　しかしながら、残念ながら、制度があっても、育児休業に伴う問題は非常に多いのが現状です。そもそも育児休業を取得することができるのは、育児休業法により、一年以上雇用が継続し、かつその子どもの一歳の誕生日以降も雇用が継続することが見込まれる人に限られるとされています（育児休業法5条1項）。したがって、現在女性労働者の半数以上を占める（総務省の2009（平成21）年度の労働力統計では、女性労働者のうち正社員は46.7％となっています。）非正規雇用の女性たちの多くは、育児休業を取ることすらできない状況にあるのです。以下で指摘していく問題は、育児休業を取得した際に生じる問題ですが、現実には、育児休業に伴う不利益取扱以前に、育児休業を取得することのできない女性が多いという現実も忘れられてはならないのです。

◇第5章◇ 育児休業

● 増え続ける育休切りや不利益取扱 ●

　雇用機会均等法が妊娠・出産等に伴う女性従業員の不利益取扱を禁止し、育児休業法が育児に伴う労働者の不利益取扱を禁止していますが、今日の長引く不況を反映し、妊娠・出産等を理由とする解雇などのいわゆる「育休切り」が社会問題となっています。このような状況を受け、厚生労働省も、「世界的な金融危機の影響等により雇用情勢は急速に悪化しつつある。こうした中で、妊娠・出産、産前産後休業及び育児休業等の申出又は取得を理由とする解雇その他不利益な取扱いの増加が懸念されるところである。」と警鐘を鳴らし、「育児休業に係る不利益取扱に関する労働者からの相談は、最近5年間増加傾向にあり、今年度に入ってからも増加傾向にある」と指摘し、実際にも、2004（平成16）年度から2008（平成20）年度の間に、雇用機会均等室に持ち込まれた労働者の相談件数は、妊娠・出産等を理由とした解雇等不利益取扱については2.5倍、育児休業に係る不利益取扱については実に5倍になっているとのことです[4]。

　均等室に相談に行くのは労働者の一部であることを考えると、この数字は氷山の一角に過ぎず、実際には、非常に多くの女性が出産・妊娠・育児に伴い不利益な取扱を受けているということができるでしょう。

● 法律と指針 ●

　厚生労働省は雇用機会均等法や育児休業法が禁止する不利益取扱について非常に詳細な解釈指針を出しています。この二つの指針は、雇用機会均等法については、「労働者に対する性別を理由とする差別の禁止等に関する規定に定める事項に関し事業主が適切に対処す

るための指針」(「均等指針」と呼ばれます。)であり、育児休業法については、「子の養育又は家族の介護を行い、又は行うこととなる労働者の職業生活と家庭生活の両立が図られるようにするために事業主が講ずべき措置に関する指針」(「育介指針」と呼ばれます。)です。妊娠・出産や育児休業を取得したことを理由とする解雇が許されないだけではなく、これら指針により、労働者の降格をすることや不利益な配置転換をすること、あるいは就業環境を害することなども不利益取扱になるとして禁止されています。さらには、配置の変更が不利益な取扱に該当するか否かということについては、「通常の人事異動のルールからは十分に説明できない職務又は就業の場所の変更を行うことにより、当該労働者に相当程度経済的又は精神的な不利益を生じさせること」とされていますし、就業環境を害することについては、「業務に従事させない、専ら雑務に従事させる等の行為」であるとされています。

　このような妊娠出産、あるいは育児に伴い解雇等の不利益取扱が行われた場合には、解雇権の濫用や人事権の濫用として、その無効を主張し、その損害賠償を求めることができると考えられ、場合によっては慰謝料の請求を検討することもできるでしょう。

　妊娠・出産直後の解雇については、雇用機会均等法が、その9条4項で、「妊娠中の女性労働者及び出産後一年を経過しない女性労働者に対してなされた解雇は、無効とする。ただし、事業主が当該解雇が前項に規定する事由を理由とする解雇でないことを証明したときは、この限りでない。」としています。その他の不利益取扱についても、このような立証責任の転換が重要であると考えられます[5]。

◇第5章◇ 育児休業

男性労働者の育児休業取得

　育児休業に関するもう一つの問題は、育児の負担が女性のみに偏っているという問題です。出産と違って、育児は性別を問わず行うことができることから、育児休業法は男性も育児休業を取得することができるとし、その後も様々な法改正が、男性の育児休業の取得を後押ししようとしているということは上述のとおりです。しかし、育児を担うのは専ら女性であるという現状は今に至るも変わっていません。むしろ、不況の中男性の育児休業取得率は低下するなど、育児休業を取り巻く状況は、ますます厳しいものになってきています。

　女性労働者の育児休業取得率は年々増加し、2008（平成20）年度はついに9割を超えました。これに対して男性労働者の育児休業取得率は微増しましたが、2007（平成19）年度は1.56％でしたが、2008（平成20）年度は、1.23％と落ち込みました。

　また、実際の育児休業の期間ですが、10カ月以上取得する女性労働者が半数いるのに対し、男性労働者の場合は、半数以上が1カ月未満という短い期間になっています[6]。なお、2009（平成21）年度は、男性の育児休業取得率は1.72％に微増しましたが、逆に女性の育児休業取得率は85.6％と減少しました[7]。第三次男女共同参画基本計画は、男性の育児休業取得率に数値目標を掲げていますが、2020（平成32）年までに13％を達成するという、極めてつつましやかな数字です。

　このように、数字からも、育児休業を取得し、実際に育児を負担するのが女性に偏っているという事実が明らかになります[8]。その結果、妊娠・出産に関するものだけではなく、育児休業について不利益を受けるとすれば、それは女性ということになり、妊娠・出

51

産を理由とする不利益取扱いだけでなく、育児休業を理由とする不利益取扱いの問題は、女性差別の問題であるということにもなるのです。

● 条約の観点から ●

このように、育児に関する性別役割分業は色濃く残っていますが、性別役割分業が条約の２条や５条に違反することは、すでに第３章で触れたところです。

> 5条　締約国は、次の目的のためのすべての適当な措置をとる。
> (a) 両性のいずれかの劣等性若しくは優越性の観念又は男女の定型化された役割に基づく偏見及び慣習その他あらゆる慣行の撤廃を実現するため、男女の社会的及び文化的な行動様式を修正すること。

次に、育児休業を取得したことによる不利益取扱は女性に対する差別を構成するということを、条約を用いることによって明確にすることができます。

すなわち、条約１条は、

> 1条　この条約の適用上、「女子に対する差別」とは、性に基づく区別、排除又は制限であって、政治的、経済的、社会的、文化的、市民的その他のいかなる分野においても、女子（婚姻をしているかいなかを問わない。）が男女の平等を基礎として人権及び基本的自由を認識し、享有し又は行使することを害し又は無効にする効果又は目的を有するものをいう。

◇第5章◇育児休業

 としています。育児は男性女性どちらも担えるものですが、実際にはすでに見た通り女性ばかりがその負担を負っています。したがって、育児を理由に労働者を不利益扱いすることは、女性の人権及び基本的自由を享有・行使することを害しあるいは無効にする効果を有するものであり、条約が禁止する性差別にあたるということができます。

 また、条約は、私企業によるものであっても、女性を差別することを禁止しています。条約は国家間の約束ですが、女性差別撤廃条約を始めとする国際人権法は、私企業による差別を禁止することも締約国の義務であるとしている点に特徴があります。

 実際、国による女性差別の温存も問題ですが、現代社会においては、企業による差別の問題が極めて大きいので、この条文は非常に重要です。

2条　締約国は、女子に対するあらゆる形態の差別を非難し、女子に対する差別を撤廃する政策をすべての適当な手段により、かつ、遅滞なく追及することに合意し、及びこのため次のことを約束する。
　(e) 個人、団体又は企業による女子に対する差別を撤廃するためのすべての適当な措置を取ること。

 そして、雇用の問題に直接言及しているのは、11条2項です。

> 11条2　締約国は、婚姻又は母性を理由とする女子に対する差別を防止し、かつ、女子に対して実効的な労働の権利を確保するため、次のことを目的とする適当な措置をとる。
> 　(b)　給料又はこれに準ずる社会的給付を伴い、かつ、従前の雇用関係、先任及び社会保障上の利益の喪失を伴わない母性休暇を導入すること。

最後に重要であるのは、順番は戻りますが、5条(b)です。

条約は、歴史上も、子の養育のための責任が女性の社会進出を妨げてきたという事実を重く受け止め、5条(b)で、

> 5条(b)　家庭についての教育に、社会的機能としての母性についての適正な理解並びに子の養育及び発育における男女の共同責任についての認識を含めることを確保すること。あらゆる場面において、子の利益は最初に考慮するものとする。

としています。

育児に起因する女性差別は、子の養育及び発育における男女の共同責任についての認識を深めることなしには撤廃され得ないのです。

委員会の最終見解

条約はこのように極めて重要な基準を設定していますが、残念ながら日本はその条約の要求を満たす水準にはありません。そのため、2009（平成21）年8月の女性差別撤廃委員会の日本政府に対する最終見解でも、次の勧告がなされています。

◇第5章◇育児休業

「46.委員会は、本条約第11条の十分な遵守を達成するため、労働市場における事実上の男女平等の実現を優先することを締約国に要請する。委員会は、妊娠・出産による女性の違法解雇の実施を防止する措置と、垂直的・推計的職務分離を撤廃し、性別に基づく男女間の賃金格差を是正するために、本条約第4条1及び委員会の一般勧告25号にしたがった暫定的特別措置を含め、具体的措置を講じることを締約国に勧告する。(……)」

「47.委員会は、(……)依然として家庭や家族に関する責任を女性が中心となって担っていること、そのために、男性の育児休業取得率が著しく低いこと、並びに家庭での責務を果たすために女性がキャリアを中断する、またはパートタイム労働に従事するという実態が生じていることを懸念する。」

「48.委員会は、特に、子育てや家事の適切な分担に関する男女双方のさらなる意識啓発や教育のための取組を通して、また、パートタイム労働者の雇用の大部分を女性が占めることがないように図ることによって、男女の家庭及び職場での責務の両立を支援する取組を拡充するよう、締約国に奨励する。委員会は、さまざまな年齢層の子どもたちのために保育施設の提供と手頃な料金設定を拡充し、男性の育児休業取得を奨励する取組を強化するよう締約国に要請する。」

これからの社会に向けて

条約は、子の養育は女性だけの責任ではなく、男女ともに行わなければならないことを明確にしています。

実は、日本でも例えば上で挙げたワークライフバランス憲章では、ワークライフバランスを阻害する要因として、「共働き世帯の増加と変わらない働き方・役割分担意識」が挙げられています。具体的には、「人々の生き方も変化している。かつては夫が働き、妻が専業主婦として家庭や地域で役割を担うという姿が一般的であり、現在の働き方は、このような世帯の姿を前提としたものが多く残ってい

る。しかしながら、今日では、女性の社会参加等が進み、勤労世帯の過半数が、共働き世帯になる等人々の生き方が多様化している一方で働き方や子育て支援などの社会的基盤は必ずしもこうした変化に対応したものとなっていない。「また、職場や家庭、地域では、男女の固定的な役割分担意識が残っている」と指摘されているのです。しかし、政府の政策には実効が伴っていないと言わざるを得ません。

　2009（平成21）年の総選挙で誕生した民主党政権は「子ども手当」の支給を政権公約に掲げ、子育ての費用を誰が負担するのかという問題提起をしましたが、ジェンダー平等の視点は希薄であったと言えます。より大胆な労働時間短縮政策やワークシェアリングを推し進める中で、男性がもっと育児に参加できる社会的な条件を整えることが必要ではないかと思います。

---

(1) 第三次男女共同参画基本計画（2010（平成22）年）も、「男女の社会における活動や個人の生き方が多様化する中で、男女の社会における活動の選択に対して中立的に働くような制度構築が必要である。その際、男性片働きを前提とした世帯単位の制度・慣行から個人単位の制度・慣行への移行、男女が共に仕事と家庭に関する責任を担える社会の構築といった視点が重要である」としている。

(2) その他、次世代育成支援対策推進法第5条は、「事業主は、基本理念にのっとり、その雇用する労働者に係る多様な労働条件の整備その他の労働者の職業生活と家庭生活との両立が図られるようにするために必要な雇用環境の整備を行うことにより自ら次世代育成支援対策を実施するよう努めるとともに、国又は地方公共団体が講ずる次世代育成支援対策に協力しければならない」とし、労働時間等の設定の改善に関する特別措置法第2条は「事業主は（中略）その雇用する労働者のうち、その子の養育又は家族の介護を行う労働者、単身赴任者、自ら職業に関する教育訓練を受ける労働者その他の特に配慮を必要とする労働者について、その事情を考慮してこれを行う等その改善に努めなければならない」としている。

(3) 勤労婦人福祉法第11条「事業主は、その雇用する勤労婦人について、必要に応じ、育児休業（事業主が、乳児又は幼児を有する勤労婦人の申出により、その勤労婦

◇第5章◇ 育 児 休 業

人が育児のため一定期間休業することを認める措置をいう。）の実施その他の育児に関する便宜の供与を行なうように努めなければならない。」との規定が置かれていた。
(4) 厚生労働省 2009（平成21）年3月「現下の雇用労働情勢を踏まえた妊娠・出産、産前産後休業及び育児休業当の取得等を理由とする解雇その他不利益取扱い事案への適正な対応等について」
(5) こうした点に関するヨーロッパの判断は先駆的である。産前産後休業及び育児休業を取得したために、年次評価を受けるための出勤日数に足りなかった女性労働者が、そのような取扱は女性差別にあたると訴えた事案において、ＥＣ裁判所は、「非差別原則は、出産休暇中も雇用契約によって使用者に拘束され続ける女性は、男女双方に適用されかつ雇用関係の結果である労働条件に関する利益を、決して奪われてはならないということを要請する。本件のような事情において、毎年行われる業績評価を受ける権利を女性被用者に否定することは、労働者としての彼女の能力に関して差別することである。なぜなら、仮に女性が妊娠しておらず、権利として与えられている出産休暇を取得しなかったなら、彼女は、当該年度の業績評価を受けたであろうし、その結果、昇進する資格を得ることができたはずであるからだ」とした（チボー事件判決。詳しくは、浅倉むつ子=角田由紀子編『比較判例ジェンダー法』（信山社、2007年）184頁以下を参照）。
(6) 平成20年度雇用均等基本調査
(7) 平成21年度雇用均等基本調査
(8) 平成21年版少子化対策白書

◇第6章◇ 過 労 死

● 過労死と過労自殺 ●

　毎週のように、「過労死」に関するニュースを目にするようになりました。1980年代に日本の社会現象として注目されて以来、"karoshi"は英語として通用しています。

　長時間労働によって脳・心臓疾患を発症し、障がいを負ったり亡くなったりする事案だけでなく、職場でのいじめ、ノルマに対するプレッシャーなどによって精神疾患を発症し、さらには自死に至る事案についても、「過労自殺」として、過労に伴う社会問題と認識されるようになりました[1]。

　このような悲劇を防ぐには、会社がその労務管理体制を改善し、労働者の心身の健康確保に向けた対策を採ることが必要不可欠であり、予防が重要であることは言うまでもありません。

　他方、国家は、労働者の働く環境に一定の基準を設けるとともに、その家族が安心できる生活を確保する責務を負っており、遺族に対する補償制度を充実させることは、国家の重要な役割の一つといえるでしょう[2]。日本では、「労働災害補償保険」（労災保険）制度があり、仕事中に事故に遭った場合のほか、過労死・過労自殺のように、過重労働等を原因とした病気や死亡の場合に、労働者本人または遺族が補償金を申請する仕組みが設けられています。

　過労死事案の労災申請は、近年、大きく増えており、2009（平成

21) 年度の厚生労働省の統計[3]では、請求件数は767件（うち、労災と認められ、補償金支給の決定がなされた件数は293件）、過労によって精神障がい等を発症した事案の請求件数は1136件（うち、支給決定件数は234件）にも及びました。

女性は過労死しないのか

では、過労死等であるとして補償金の支給が決定された件数のうち、男性と女性の内訳はどうなるでしょうか。

2009年度の統計によりますと、293件のうち、男性は271名、女性は22名、精神障がい等の事案については、234件のうち、男性は165名、女性は69名でした[4]。

このように、圧倒的に男性が多いのはなぜなのでしょうか。

考えられる原因としては、男性のほうが、労働時間が長いこと、男性のほうが、労災保険の申請率が高いことなどが考えられます。

では、まず、労働時間について考えてみましょう。一年間の所定外労働時間[5]を統計上で比較すると、男性は209時間、女性は88時間で[6]、男性のほうが圧倒的に多く見えます。

ところが、この統計には、トリックがあります。労働には、仕事をしてその対価をもらう有償の労働と、家事のように無償の労働とがありますが、所定外労働時間の統計には、有償労働のみが算入されており、無償労働の時間は含まれていません。

他方、1日あたりの有償の労働時間は、男性は9時間56分、女性は6時間15分であり、無償の労働は、男性で30分、女性は4時間24分となっています[7]。

このようにしてみると、日本では、女性が、男性に比して圧倒的

に無償労働に費やす時間が多いにもかかわらず、一般的に「労働時間が長い」という場合には、無償労働は勘案されていないことが見えてきました。

● 社会の典型的なパターンと条約 ●

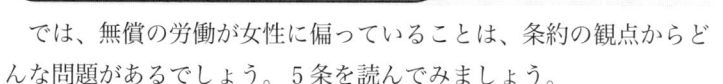

では、無償の労働が女性に偏っていることは、条約の観点からどんな問題があるでしょう。5条を読んでみましょう。

> 5条　締約国は、次の目的のためのすべての適当な措置をとる。
> (a) 両性のいずれかの劣等性若しくは優越性の観念又は男女の定型化された役割に基づく偏見及び慣習その他あらゆる慣行の撤廃を実現するため、男女の社会的及び文化的な行動様式を修正すること。

このように、条約では、「男女の定型化された役割」に基づく慣習を撤廃すること、そしてそのため、男女の社会的・文化的な行動のパターンを修正するように、国は「すべての適当な措置」を採らなければならないとされているのです。

無償の家事労働が女性に偏っていることや、「稼ぎ頭」の役割を担わされている男性が、家事労働に参画しづらい日本社会のあり方は、「男女の定型化された役割に基づく慣習」の現れといえるでしょう。

男性も女性も私たち一人ひとりの社会的・文化的な行動パターンの修正が必要ですし、国が、そのための政策・施策を採ることが条約の要請なのです。

なお、女性差別撤廃委員会は、一般勧告17号（1991（平成3）年）において、女性の地位向上に関する政策形成の基礎とするために、

「女性の家庭内の無償活動の測定と数量化及び国民総生産におけるその承認」を勧告しています。

労災補償の仕組みは女性に有利!?

次に、少し視点を変えて、労災補償制度から、過労死と条約について考えてみましょう。

日本では、業務上の事由による労働者の負傷、疾病、障がい又は死亡の場合に、労働災害保険給付が行われます[8]。過労死についても、過重労働（長時間勤務や仕事によるプレッシャーなど）の結果、労働者が亡くなったといえる場合に、亡くなった労働者と生計を共にしていた遺族は、労災保険給付を受給できます[9]。

ところが、たとえば配偶者（事実上婚姻関係にある人も含む）である遺族が遺族補償年金を請求する場合、受給資格者についての国の決まりは、「妻又は60歳以上か一定障がいの夫」と定められているのです。

つまり、妻は妻であれば受給資格者になりますが、夫は、「60歳以上」または「一定の障がいがあること」の条件を満たさなければなりません[10]。

また、その年金額の基準は、遺族が一人の場合、一日あたりの平均賃金を基礎として[11]、その153日分というものです。ところが、これには別の基準があって、その一人の遺族が「55歳以上の妻又は一定の障がい状態にある妻」の場合には、給付基礎日額の175日分と増加されます。他方、夫が55歳以上又は一定の障がい状態にあっても、175日分にはなりません。

これは、女性に有利な規定に見えますし、ましてや女性に対する差別とは考えづらいかもしれません。「妻」としての立場によって、

補償がより厚くなるからです。すべての女性が妻であるわけではありませんが、すべての妻は（少なくとも戸籍上）女性です。

しかし、本当にそうでしょうか？　条約との関係で何か問題はないでしょうか。

● 社会保障についての条約の定め ●

条約11条は、以下のように定めています。

> 11条1　締約国は、男女の平等を基礎として、同一の権利、特に次の権利を確保することを目的として、雇用の分野における女子に対する差別を撤廃するためのすべての適当な措置をとる。
> (e) 社会保障（特に、退職、失業、傷病、障がい、老齢その他の労働不能の場合における社会保障）についての権利及び有給休暇についての権利

11条は、「雇用の分野における平等」の権利を詳しく説明していますから、11条1項(e)に定められている社会保障についての権利も、労働・雇用の局面での社会保障を意味しています。すなわち、この規定は、労働・雇用に伴う社会保障について、女性と男性を同じように取扱うことによって、女性の雇用の権利を強化しようとした規定です。

● 安心して働けない ●

このようにしてみると、さきほどの受給資格者に関する規定は、条約の観点からすると、決して女性に補償を厚くしているわけでは

ないことが見えてきます。

　労働者の妻の地位にある女性に対する補償を厚くし、生活保障を十分にしているようでありながら、実は、労働者である女性にとっては、その家族に対する補償が薄くなっていると言わざるを得ません。

　遺族に対する補償は、女性労働者の場合には、男性労働者と比較して低いことになりますから、女性にとっては、仕事を原因として万一の事態があった場合に、家族の生活が保障される安心感がありません。これでは、女性は、安心して働く権利を十分に保障されているとはいえません[12]。

● 男性だけが一家の大黒柱？ ●

　そもそも、夫と妻で異なる要件を設ける遺族補償年金の仕組みは、生活・家計を維持するための労働の主な担い手は男性であるという前提のもとに、「一家の大黒柱」を失った妻に対する補償を手厚くする必要性が念頭に置かれています。

　このように、「家計の担い手である男性」を失った場合に、女性を失った場合に比して補償をより手厚くする制度は、さきほど見た5条の、「男女の定型化された役割に基づく偏見及び慣習その他あらゆる慣行」や、「男女の社会的及び文化的な行動様式」の観点からも、問題があるといえるでしょう。

　さらに、すでに今まで何度も出てきた条約2条についても、ここで振り返っておきましょう。2条は、男女の平等の原則が、憲法をはじめ法令に取り込まれていなければいけないこと、国は法律などによって男女の平等を確保することを定めていました。

　つまり、日本の社会保障制度を形作っている法令についても、2条の「男女の平等の原則の反映」が必要になります。

◇第6章◇過 労 死

日本の社会保障制度に共通する課題

さて、今までのところでは、過労死・過労自殺を端緒に、労災保険のうち特に遺族補償年金について、条約の観点から検討しました。

しかし、この問題は、過労死・過労自殺に伴う遺族補償年金に限られるわけではありません。国民年金の遺族基礎年金、厚生年金の遺族厚生年金も、やはり、男性が一家の家計の担い手であることを前提としており、妻だけが受給権者であったり、夫には支給の年齢要件が課されていたりするなど、同様の問題があります。日本の社会保障制度そのものに共通した課題なのです。

労災補償制度への挑戦

なお、過労死の事案ではありませんが、2010（平成22）年5月、労災補償制度について、京都地方裁判所で、注目すべき判例が出されました[13]。

この事件は、業務上の災害によって顔面に火傷を負った男性労働者が、醜状障がいに関する後遺障がいの等級認定上、男性と女性に大きな差がある（女性のほうが外貌の醜状障がいによって、精神的苦痛や第三者の受ける嫌悪感、就労機会の制約の程度が大きいとされ、障がいが重いと認定される）のは、合理的な理由がなく、性別に基づく差別であると主張して、等級認定を争う訴訟を起こしたものです。

国側は、産業別女性比率や産業別雇用者数の統計を根拠に、女性のほうが接客等の応接を要することが多い職種に就いており、現在、男性と女性に就労実態や就労構造の点で明らかな違いがあるのだから、女性のほうが、醜状障がいによって、事故後の就職や就労の継

65

続に不利になると考えるのは、合理的であると主張しました。

これに対して、裁判所は、統計だけからは女性の職種や就労実態は分からず、接客等の応接を要する職種に女性が多いともいえないとしました。また、精神的苦痛についても、男性か女性かというだけではその程度に違いがあるといえないとして、男女の性別によって、等級認定に大きな差があることの「不合理さは著しい」と述べたのです。

結論として、裁判所は、「合理的理由なく性別による差別的取扱いをする」ものであるとして、法の下の平等を定めた憲法14条1項に違反すると判断しました。

● 制度見直しの必要 ●

労災補償制度を始めとする日本の社会保障の仕組みを条約に照らしてみると、さまざまな問題点が見えてきました。条約は、家計を維持するための労働の主な担い手は男性であるとか、接客等の応接を要する職種の担い手は女性であるといった考え方を前提とした社会制度の見直しを迫っています。

さきに触れた京都地方裁判所の判例は、憲法14条1項に違反するので、原告側が主張した条約違反については、検討するまでもないと述べています。条約について裁判所が判断を示さなかった点は残念ではありますが、性別に基づく差別が違憲であるとの判断は、とても画期的なものです。

今後、「男女の定型化された役割に基づく偏見及び慣習その他あらゆる慣行」や、「男女の社会的及び文化的な行動様式」を見直し、条約を根拠に日本の社会制度を改善していく動きは、ますます強くなることでしょう。

◇第 6 章◇ 過 労 死

［本稿は著者の個人的見解を著したものであり、ILO の見解を表明するものではありません］

---

(1) 川人博『過労自殺』(岩波書店、1998 年)
(2) 日本国憲法 25 条、同 27 条 1 項、日本が批准している ILO102 号条約、同 121 号条約、労働者災害補償法 1 条
(3) 平成 22 年 6 月 14 日　厚生労働省労働基準局労災補償部補償課職業病認定対策室〈http://www.mhlw.go.jp/stf/houdou/2r98520000006kgm.html　(2010 年 8 月 7 日最終アクセス)〉
(4) 厚生労働省労働基準局労災補償部補償課職業病認定対策室に対する電話聴取 (2010 年 6 月 24 日)。なお、同室によれば、請求件数に関する男女別データはないとのことである。
(5) 労働契約における、労働時間の開始時 (始業時) から終了時 (終業時) までの時間から、所定の休憩時間を差し引いた時間を「所定労働時間」とし (菅野和夫『労働法』(第九版、弘文堂、2010 年)、288 頁)、それ以外の時間で労働にあてられた時間を「所定外労働時間」という。
(6) 独立行政法人国立女性教育会館・伊藤陽一編『男女共同参画統計データブック：日本の女性と男性 2009』(ぎょうせい、2009 年) 54 頁
(7) 同上 69 頁
(8) 厚生労働省・都道府県労働局・労働基準監督署「労災保険給付の概要」
(9) 民間の労働者の場合、請求自体は、会社の所在地を管轄する労働基準監督署に対して行う。
(10) 労働者災害補償保険法 16 条の 2
(11) 給付基礎日額とは、業務上又は通勤による負傷や死亡の原因となった事故が発生した日又は医師の診断によって疾病の発生が確定した日の直前 3 か月間に、その労働者に対して支払われた賃金の総額を、その期間の暦日数で割った 1 暦日あたりの賃金額を指す (労働者災害補償保険法 8 条、労働基準法 12 条)。
(12) 労働者災害補償保険法と同様、遺族である妻への補償が夫への補償に比較して手厚い地方公務員災害補償法の規定がある。被災者の夫による遺族補償年金の請求をめぐり、不支給処分の取り消しを求める行政訴訟が提起される予定であり、同規定が男性への差別である旨の主張がなされる予定であることが、2010 年 7 月 20 日付け朝日新聞で報道された。
(13) 京都地裁平成 22 年 5 月 27 日判決 (裁判所 HP、判時 2093 号 72 頁)。厚生労働省は、判決を受けて、2011 年 2 月、違憲とされた障害等級表を改正した。

◇第7章◇ 高齢社会の問題

● ハッピーな老後への憧れと現実 ●

　女性がひとりで迎える老後について書かれた、上野千鶴子氏の『おひとりさまの老後』（法研、2007年）がベストセラーとなりました。最近では、曽野綾子氏の『老いの才覚』（ベストセラーズ、2010年）、『自分の始末』（扶桑社、2010年）も注目されています。

　いずれ誰もが体験する老後ですが、とりわけ女性にとって、そのあり方にいかに関心が高いかがよくわかります。また、山﨑武也氏の『老後は銀座で』（PHP研究所、2003年）など、いかにポジティブでハッピーな老後を送るかについて、巷間さまざまな提案があるようです。

いつまで自立できるか　政府の高齢社会対策の基本を示す高齢社会対策大綱（2001（平成13）年12月28日閣議決定）も、その策定目的を、「国民の1人1人が長生きして良かったと誇りを持って実感できる、心の通い合う連帯の精神に満ちた豊かで活力のある社会を確立していくこと」としています。

　しかしこのような前向きな政策は、高齢者が、健康上も経済的にも前を向いていられる状態であること、程度の差はあれ自立して生活できる能力が備わっていることが前提ではないでしょうか。健康と経済力、これが高齢社会の問題のポイントです。

　自活能力が損なわれ、身体的あるいは精神的に介護の必要がある

高齢者の問題は、本人だけでなく家族にとっても、後述のとおり、とてもきれいごとではすまされない深刻なものです。また年金を含め生活費を自力で賄えるか否か、これができない高齢者は、貧困、生存権の侵害という深刻な状況に直面しているというべきです。

高齢化白書の数字　平成22年度高齢社会白書によれば、2009（平成21）年10月1日の時点で、65歳以上の高齢者人口が総人口に占める割合（高齢化率）は22.7%（前年22.1%）、その男女比は約3対4となっています。また、75歳以上の人口が総人口に占める割合は10.8%、男女比では女性の比率が大きくなっています。白書の推計では、2013年には高齢化率が25.2%、2035年に33.7%、2055年には40.5%に達するとあり、いまの小学生が50代になるとき、国民の2.5人に1人が65歳以上になるわけです。2010年度末で862兆円の借金を抱える日本の半世紀後は、いったいどんなことになっているのでしょうか。借金が減る見込みはまったくありませんし、定年制や雇用形態、年金や社会福祉のあり方を予測する見解も、まだ見当たりません。少子化に歯止めをかける見通しも、まったくたたない状況です。

● 女性高齢者の状況 ●

　将来を悲観することはさておいて、現在の女性高齢者、とりわけ単身世帯の女性高齢者がおかれている状況は、いまの日本の格差社会がもっとも現れているといえます。

所得と年金　65〜69歳の就業者の割合は、男性は50.1%ですが、女性は28.2%です[1]。10年前は、男性32.9%、女性13.8%でしたので[2]、男女とも就労者は増えていますが、男女間に雇用形態および賃金格差があることは当然推測できます。

◇第7章◇ 高齢社会の問題

　高齢者の主たる所得である年金の格差は、給与所得者であった場合にはその当時の賃金格差が反映され、専業主婦には基礎年金だけの支給であり、女性の平均年金所得は、厚生年金・老齢年金では月額10.9万円、国民年金・老齢年金では月額4.9万円という生活保護支給額と比べても極めて低額なものです[3]。これで生活を賄うことがぎりぎりできたとしても、ハッピーな老後生活などほど遠いと言わざるを得ません。

> 11条1　締約国は、男女の平等を基礎として同一の権利、特に次の権利を確保することを目的として、雇用の分野における女子に対する差別を撤廃するためのすべての適当な措置をとる。
> 　(a) すべての人間の奪い得ない権利としての労働の権利
> 　(b) 同一の雇用機会（雇用に関する同一の選考基準の適用を含む。）についての権利
> 　(c) 職業を自由に選択する権利、昇進、雇用の保障並びに労働に係るすべての給付及び条件についての権利並びに職業訓練及び再訓練（見習、上級職業訓練及び継続的訓練を含む。）を受ける権利
> 　(d) 同一価値の労働についての同一報酬（手当を含む。）及び同一待遇についての権利並びに労働の質の評価に関する取扱いの平等についての権利
> 　(e) 社会保障（特に、退職、失業、傷病、障害、老齢その他の労働不能の場合における社会保障）についての権利及び有給休暇についての権利

　年金制度についていえば、条約が求める趣旨に反した賃金格差が年金支給額に反映され、条約が求める社会保障の権利を侵している

ことになります。

　年金の受給格差については、2007（平成19）年4月以降の離婚について、離婚に伴う年金分割制度が施行されましたが、これで格差の問題が解決されるか否かは定かではありません[4]。そもそも国の年金制度改革についての展望は迷走状態のままです。

住まいの問題　加えて、住居の確保という問題があります。年金所得で入居費用を賄える特別養護老人ホームは、各自治体で百人単位のとてつもない待機人数となっており、また老人保健施設も入所期間は3カ月が目途ですので、家族のフォローのない単身高齢者の利用は制限されます。所得のない単身の女性高齢者が、民間のアパートなどに賃貸借契約を結んで住むことがとても困難な実情もあります。

　憲法25条は、国民が健康で文化的な最低限度の生活、つまり人間らしく生きるために必要な諸条件を国家に要求できる権利を定めています。この、健康で文化的な生活を、こうした立場におかれた単身高齢者に対して、国はどのように保障するのでしょうか。

介護現場での役割分担意識

老老介護　高齢の子が高齢の親を介護する老老介護、これは、前記の高齢化率からすれば、もはや避けがたいことです。この老老介護が殺人などの悲劇を招いている実情も、昨今のニュースから少なくないことがわかります。介護する高齢者が、いかに追い詰められているかということです。

　子育てと介護の違いは、先が見えるかどうか、です。どちらも自分の時間や仕事、自分のために使う生活の一部あるいは多くを充てるわけですが、子供は育ちいつか自立していきます。けれども介護

◇第7章◇ 高齢社会の問題

は、介護する側にとってはいつ終わるのかわからないものです。終わるまで寄り添い続けることの覚悟ができていて、また家庭的にもそのような環境が整っているケースは多くはありませんから、介護する側の精神的負担は大変なものです。

介護サービスの現場 　2000（平成12）年4月、介護保険法が施行され、介護は家族だけが担うのではなく、広く社会が責任を持つものという考えにより、国民が保険料を支払うことで介護サービスを権利として要求できることになりました。それとともに、多くの民間企業が介護事業に乗り出し、介護の市場化といわれる事態が生じました。一方で、大手業者コムスンの不正が問題となったのは2007年であり、介護保険制度の弊害も注目されるようになりました。

また、介護市場が大きくなるにつれ、ホームヘルパーの問題が浮上しています。ヘルパーの約9割は女性であり、職種上の男女比に多大な偏りがあるといえます。ヘルパーは、高齢者などの訪問介護員で、自立支援を目的にホームヘルプサービス（訪問介護）を行います。高齢者等の日常生活を営むために必要な家事（食事の世話、洗濯、掃除や生活必需品の購入など）を行うのですが、大半を女性が占めるということは、従来の役割分担意識の現れだというべきです。また、ヘルパーの賃金が低額に過ぎることも指摘されています。

飲食店での料理人、クリーニング業での洗濯業務、また介護と類似の身体的接触のある医師やマッサージ師という職種には男性が多くを占めることを考えると、ヘルパーの仕事が、「専門職」であるという認識を浸透させることが必要だと考えます。ヘルパーは、高齢社会において男女ともに担うべき専門的な仕事であり、相応の賃金が保障されるべきだという認識を持つ必要があります。

家庭での介護　家庭での介護は、これも圧倒的に女性の負担になっていますが、これも従来の男女の役割分担意識の現れです。

「介護うつ」という言葉が聞かれますが、親の介護を負担する中、うつ病になったという例は長男の嫁にその例が多く、舅・姑は、どんなに世話になっても、なかなか嫁に感謝の言葉をかけません。嫁が倒れれば、次は娘です。夫に気兼ねしながら、親の介護に奮闘しますが、家庭と介護の間に挟まれて疲れ果てるばかりです。実際に介護を担った子やその配偶者と、そうでない子らの間では、互いの状況を理解せず対立に至ります。

よりよい介護、高齢者にとってあるべき介護を実現することは、社会的システムだけで解決できることではありません。決して昔のことではなく、女性としての嫁、娘の苦悩、子の親への思い、それぞれの経済的負担、兄弟姉妹間の無理解と齟齬などの問題が根底にあることを理解すべきです。その上で、行政サービスのあり方はもとより、地域社会における助け合いのシステムなどを、考察、検討しなければならないと思います。

> 条約前文　社会及び家庭における男子の伝統的役割を女子の役割とともに変更することが男女の完全な平等の達成に必要であることを認識し、

この指摘をふまえるべきです。

高齢者対策の法制度

2006（平成18）年に成立した高齢者虐待防止法は、高齢者に対する身体的、心理的、性的、経済的虐待、養護の怠りに対して、国お

◇第7章◇ 高齢社会の問題

よび地方公共団体の、高齢者の保護と養護者への支援を定めています。

2009（平成21）年度、65歳以上の高齢者が虐待を受けたと判断された事例は1万5615件でした。6割近くが息子や夫からの虐待で、養護者による虐待のうち被害者は女性が77.3%です。虐待の内訳は、身体的虐待が63.5%、暴言など心理的虐待が38.2%、財産を勝手に使うなどの経済的虐待が26.1%です[5]。

高齢者のひとつの問題をクリアするために設けられたのが、2000（平成12）年4月の民法改正による成年後見制度です。これは、ものごとの判断能力が損なわれた場合に、家庭裁判所が審判で決定した成年後見人が本人に代わって法律行為を行うという制度です[6]。成年後見制度を利用する件数は、この10年間相当な勢いで増加しています（2010（平成22）年度申立件数30,079件。2001（平成13）年度申立件数11,088件)[7]。個人情報保護法や金融商品取引法などの影響により、銀行などが本人でないと手続きを受け付けなくなり、後見制度の利用が必要となるケースが増えたこともありますが、経済的虐待への歯止めになっているかは、まだ検証されていません。

● 今後のビジョンはあるのか ●

条約11条(e)に定められた社会保障についての権利に照らせば、年金、医療、介護等において、個人の権利に差別を持ちこんではなりません。

> 11条2(c)　親が家庭責任と職業上の責務及び社会的活動への参加とを両立させることを可能とするために必要な補助的な社会的サービスの提供を、特に保育施設網の設置及び充実を促進することにより奨励すること。

　社会生活のあらゆる側面での差別解消のためには、やはり保育・介護等社会サービスが不可欠であることかがわかります。

　ところが、2006（平成18）年4月に生活保護の老齢加算が廃止、2009（平成21）年4月には母子加算廃止のニュースが流れました。介護保険法も改正を繰り返し、要介護認定の水準が引き下げられるなど、介護サービスが実質的にはかなり低下しています。

　これらは新自由主義のもとでの社会保障政策の問題だと言われていますが、現在も、社会の最低ラインにいる単身高齢女性への保護はないがしろにされており、今後もその事態が改善される見通しは示されていません。子どもが増えれば高齢者の福祉も充実するという前提で、少子高齢化対策などと言われますが、今、現に貧困に直面している高齢女性への対策が、ないがしろにされています。

　女性の雇用状況の改善や子育て支援がなければ、また女性の介護負担を軽減する対策がなければ、少子化が進むことは必至です。

　医学、心理学、社会学の分野で、分析や調査を進めて、身体精神の衰えを克服すること、直面する人間関係への対処を理解すること、そうしたことへの認識、理解の共有が必要だと思います。

　条約が求める社会の実現には、日本の少子高齢社会は、法や制度をその都度いじるだけではなく、人や人生のあり方への深い洞察と理解が必要だと思います。

　高齢社会は悪いことではありません。急激に高齢社会となった日

◇第 7 章◇ 高齢社会の問題

本が、成熟した社会を世界に示して見本になる可能性もあると思います。舵取りが問われていますが、時代に沿った国の器に適した優しい社会を目指すべきではないでしょうか。条約は、それを求めていると思います。

　日本政府の男女共同参画基本計画は、高齢期の経済状況は、高齢になるまでの働き方や家族の持ち方などのライフスタイルの影響が大きいことから、男女が社会の中でおかれた状況の違いが凝縮され固定化されている、と指摘しています。女性差別撤廃委員会でも2010（平成22）年に「高齢女性とその人権の保護」と題する一般勧告28号が採択され、高齢女性の健康、経済的エンパワメント、社会福祉などあらゆる分野において、締約国への啓発をしています。

---

(1) 『平成22年版高齢社会白書』
(2) 2001年総務省調査
(3) 『女性白書2009』（ぽるぷ出版、2009年）
(4) 2007年度中の分割された平均月額は約4万円（社会保険庁）であり、自身の年金を含めても、年金だけに依拠した生活の維持は困難といえる。
(5) 厚労省高齢者虐待防止法に基づく対応状況等に関する調査
(6) 家裁が審判で定める法定後見と、本人に判断能力があるときにあらかじめ任意に後見を契約しておく任意後見がある。
(7) 最高裁判所事務総局家庭局発表

◇第8章◇ 政策・方針決定過程への参画

　女性差別撤廃条約を批准した国は、条約21条に基づき、4年に一度、条約の実施状況報告書をCEDAWに提出し、その内容についてCEDAWと対話（いわゆる政府報告書審査）をすることになっています。1990年代前半までは、政府報告書審査の結果、CEDAWから出される勧告は委員長の口頭による意見表明のみで文書では発せられませんでした。やがて「最終見解」（「総括所見」と呼ばれる場合もある）という文書による勧告が出されるようになりましたが、勧告の中身がどの程度実施されているかを知るためには、次の政府報告書審査を待つしかありませんでした。

　しかし、2008（平成20）年にCEDAWは、勧告の中で特に重要であり、条約上の権利の実現の妨げになっているものについて、最大2つの項目を選び、次の報告書審査を待たずに、最長2年以内にCEDAWに追加情報の提出を求める「フォローアップ手続」を開始しました。

　2009（平成21）年に行われた日本政府の第6回政府報告書に対する審査は、このフォローアップ手続が適用される最初のものでした。何がフォローアップの対象になるのか、ＮＧＯの間では期待の混じった予想がいろいろと立てられましたが、結果として委員会は、民法改正と並んで、「あらゆるレベルでの意思決定過程への女性の参画を拡大するための数値目標とスケジュールを設定した暫定的特別措置を導入する」ことをフォローアップ項目に指定しました。

　2010（平成22）年12月、男女共同参画社会基本法に基く、「第三

次男女共同参画基本計画」が策定されましたが、15の「重点分野」の最初に掲げられているのが、「政策・方針決定過程への女性の参画の拡大」です。

これに先立つ2003（平成15）年6月、男女共同参画推進本部は、「社会のあらゆる分野において、2020（平成32）年までに、指導的地位に女性が占める割合が、少なくとも30％程度」とすることを決定し、2005年12月の男女共同参画基本計画（第二次）にその旨が明記されました。さらに、2008（平成20）年4月には、「女性の参画加速プログラム」が決定されていますが、現実は遅々として進んでいません。

「政策・方針決定過程」には、選挙等を通じた政治過程への参与のほか、司法・立法・行政のそれぞれの権能に携わること（政治過程や立法・行政については、国家レベルと地方自治体レベルの双方が考えられます）等があります。また、民間企業やNGOにおける方針決定過程への参画も含まれます。

● 日本の実情 ●

これらの政策・方針決定過程のうち、この章では、国の政策を決定する立法機関（日本では国会）について、女性がどれだけ参画しているのかについて取り上げます。まずは、その実情を見てみましょう。

2009（平成21）年8月の総選挙（鳩山民主党政権を誕生させた選挙）で史上最多の54人の女性が当選し、女性国会議員の割合は、衆議院で11.3％、参議院で17.4％です[1]。他方、世界各国186カ国の平均は、下院で19.1％、上院で18.3％です。女性議員の割合が多い順に上位5カ国は、ルワンダ、スウェーデン、南アフリカ共和国、キューバ、アイスランドです。

◇第8章◇ 政策・方針決定過程への参画

　アジアの国々を見ますと、ベトナム37位、ラオス40位、シンガポール45位、中国54位、インドネシア67位、北朝鮮74位、韓国78位、タイ85位と続きますが、日本は92位です（下院だけで見た場合、日本は123位）[2]。これは、G8（主要8カ国首脳会議の構成国で、日本のほか、ドイツ、イギリス、アメリカ、フランス、イタリア、カナダ、ロシア）の中で最下位であるだけでなく、他のアジア諸国と比較しても女性の政治への進出が著しく遅れていることを意味します。

　また、国連開発計画（UNDP）は、1995年以降、「人間開発報告書」の中で、ジェンダー・エンパワーメント指数（GEM）を発表していますが、これは、政治的・経済的活動の場に、どれだけ女性が参加し、その意思決定過程に参画しているかを測るための指数です。指数が、どれだけ各国の実情を反映しているかについては批判的な検討が必要なものの、2009（平成21）年の人間開発報告書では、指数が算定された109カ国のうち、日本は57位であり、ここでも先進主要国中、最も低いランクになっています。

● 条約の規定 ●

　では、この政策・方針決定過程への参画に関連して、条約はどのような規定を設けているのでしょうか。

> **7条**　締約国は、自国の政治的及び公的活動における女子に対する差別を撤廃するためのすべての適当な措置をとるものとし、特に、女子に対して男子と平等の条件で次の権利を確保する。
> 　(a) あらゆる選挙及び国民投票において投票する権利並びにすべての公選による機関に選挙される資格を有する権利
> 　(b) 政府の政策の策定及び実施に参加する権利並びに政府のすべての段階において公職に就き及びすべての公務を遂行する権利
> 　(c) 自国の公的又は政治的活動に関係のある非政府機関及び非政府団体に参加する権利

　つまり、条約は、選挙権・被選挙権、政府の政策決定過程への参与や公務就任権、NGOなどへの参加の権利について、女性に対する差別を撤廃するための「すべての適当な措置」を採ることを、国（政府）に義務づけているのです。
　では、政府は、具体的にはどのような「適当な措置」を採ればよいのでしょうか。女性差別撤廃委員会による日本政府に対する勧告のうち、条約7条に関連する勧告を見てみましょう。

女性差別撤廃委員会の勧告

　2003（平成15）年に行われた第4回・第5回政府報告書に対する審査の中で、委員会は、国会、地方議会、司法、外交官など、また、選挙で選ばれる機関や市長、検察官、警察官などを、女性の参加が低い分野であるとして、懸念を表明しました。そして、委員会は、日本政府に対して、「将来の女性指導者への訓練プログラムを支援すること」や、「男女共同参画実現のために意思決定過程への女性の参画が重要

であることを啓発するキャンペーンを実施すること」を要請しました。

● 暫定的特別措置とは ●

委員会が指摘した「暫定的特別措置」については、条約4条に規定されています。

> 4条1　締約国が男女の事実上の平等を促進することを目的とする暫定的な特別措置をとることは、この条約に定義する差別と解してはならない。ただし、その結果としていかなる意味においても不平等な又は別個の基準を維持し続けることとなってはならず、これらの措置は、機会及び待遇の平等の目的が達成された時に廃止されなければならない。

この4条1項に書かれている「男女の事実上の平等を促進することを目的とする暫定的な特別措置」は、一般に、「ポジティブ・アクション」と呼ばれています。条約は、ポジティブ・アクションが、差別にはならないことを明示するとともに、あくまでもそれが一時的な特別の措置であることを明らかにして、「機会及び待遇の平等」という目的が達成されたときには、ポジティブ・アクションを廃止することとしているのです。同条項に関し、女性差別撤廃委員会は、「第4条1項の暫定的特別措置に関する一般勧告25号」を出しており、詳細にその中身を解説しています。

● ポジティブ・アクションの功罪!? ●

ポジティブ・アクションとは、歴史的に継続して差別されてきた

社会の一定の構成員に対して、差別を是正するために、優先的な特別の取り扱いをすることです。

女性に対するポジティブ・アクションをめぐっては、「男性に対する逆差別である」、「『女性は、ポジティブ・アクションによって活躍が可能になった』というメッセージを与えることは、何らの優先的な特別の取り扱いなしに活躍できたはずの有能な女性にとって不利であり、かえって、女性やその能力に対するスティグマ（不名誉な烙印）を与えることになる」といった議論があります。

しかし、そもそも、ポジティブ・アクションは、対象を「歴史的に継続して差別されてきた社会の一定の構成員」に限定し、その目的についても、「差別の是正」に厳格に限定しています。さらに、期間としても、一時的なものと考えられています。

女性に対するポジティブ・アクションも、女性がたとえば公的・政治的な分野に参画する機会が平等でない状態が歴史的に継続してきたため、まずは機会を平等にすることを確保するに過ぎません。その結果としての実質的な平等を保障するわけではない点で、男性に対する「逆差別」となる事態を回避しているといえます。また、参画の機会を与えられた後に、そこからどのような結果を導きだすかは、各人の能力や努力にかかっているのですから、女性の能力に対する疑念を持たせるものでもありません。

●男女共同参画社会基本法では●

男女共同参画社会基本法は、ポジティブ・アクションについて、「積極的改善措置」という言葉で規定しました[3]。同法の定める「積極的改善措置」とは、「男女間の格差を改善するため必要な範囲内で、男女のいずれか一方に対して、社会の対等な構成員として、自らの

意思によって社会のあらゆる分野における活動に参画する機会を積極的に提供すること」と説明されています。

ポジティブ・アクションの方法としては、後述するクォータ制度のほか、女性の割合を増加させることによるメリットを創出するインセンティブ付与、目標を設定し、達成するまでの段階を具体的に示すことによって目標の到達を目指す、ゴール・アンド・タイムテーブル方式などがあります。ポジティブ・アクションの実施の段階としては、憲法や法律による義務づけをするのか、義務に制裁を設けるか否か、努力目標の設定にとどめるのかなど、いろいろな段階があり得ます。

クォータ制度のあり方

ポジティブ・アクションの代表例が、クォータ制度です。これは、限られた数のポストのうち、一定の割合を女性に割り当てることを意味します。政治の男女共同参画の局面におけるクォータ制度とは、一定の議席数を女性議員に割り当てる制度のことで、諸外国では、国家の最高法規である憲法でクォータ制度を設けている場合（インド、タンザニア、ルワンダ等）、法律でクォータ制度を設けている場合（バングラデシュ、パキスタン、韓国等）、政党が自主的にクォータ制度を採用している場合（北欧諸国、ドイツ、南アフリカ共和国等）などがあります[4]。

ポジティブ・アクションによって女性の議席を増やす方法は、さまざまな国で実行が試みられています。たとえばフランスでは、1980-1990年代に「一方の性が地方議会選挙において75％以上を占めてはならない」とする25％クォータ法案および「候補者名簿は男女のパリテ（同数）を確保する」とする州議会選挙に関する法律が、

いずれも憲法院で違憲と判断されたことを契機に、社会全体を巻き込んだ議論が展開された結果、1999（平成11）年に憲法改正を実現して、「パリテ法」（候補者名簿の男女平等を確保するための法律）が成立しました[5]。英国では、1990年代の労働党によって一定の選挙区に女性のみが候補者となるリスト制度が実施され、女性議員の増加につながりましたが、裁判で違法と判断されたことから、その後、隣接した選挙区で男女のペアを作り、男女同数の候補者を確保する試みなどがなされています[6]。

女性差別撤廃委員会は、条約7条に関する一般勧告23号の中で、「政党にも、女性が比例代表名簿に加えられ、当選の可能性のある地域において候補者に指名推薦されることを確保する責任がある」と明確に述べています。

日本におけるクォータ制度導入の可能性

憲法や法律による強制的なクォータ制度については、導入の基盤が整うだけの議論が尽くされているとはいえない状況にあります。フランスでは、「国会議員は全国民の代表であって女性議員が女性を代表しているのではないから、女性議員を50％にする理論的根拠はないのではないか」との問題提起がなされ、憲法院も、主権者を女性と男性というように二分することは憲法に違反すると判断しました（なお、前述のパリテ法は、クォータ制度ではないとされています）。

他方、選挙制度をどのように構築するかの政策にもよりますが、小選挙区において女性候補者をより積極的に擁立したり、比例代表名簿に女性候補者を優先的に登載したりするなど、政党による自主的なクォータ制度の導入は、十分に可能と考えられます。とりわけ

来栖三郎著作集
(全3巻)

A5判特上製カバー

Ⅰ　総則・物権　12,000円
―法律家・法の解釈・財産法
財産法判例評釈 (1) [総則・物権]―

Ⅱ　契約法　12,000円
―家族法・財産法判例評釈 (2) [債権・その他]―

Ⅲ　家族法　12,000円
―家族法・家族法判例評釈 [親族・相続]―

三藤邦彦 著
来栖三郎先生と私
◆清水　誠 編集協力　3,200円

安達三季生・久留都茂子・三藤邦彦
清水　誠・山田卓生 編
来栖三郎先生を偲ぶ
1,200円（文庫版予600円）

我妻 洋・唄 孝一 編
我妻栄先生の人と足跡
12,000円

信山社

藤岡康宏著 民法講義（全6巻）

- 民法講義Ⅰ 民法総論 近刊
- 民法講義Ⅱ 物 権 続刊
- 民法講義Ⅲ 契約・事務管理・不当利得 続刊
- 民法講義Ⅳ 債権総論 続刊
- 民法講義Ⅴ 不法行為 近刊
- 民法講義Ⅵ 親族・相続 続刊

石田 穣著 **物権法**(民法大系2) 4,800円

石田 穣著 **担保物権法**(民法大系3) 10,000円

加賀山茂著 **現代民法学習法入門** 2,800円

加賀山茂著 **現代民法担保法** 6,800円

民法改正研究会（代表加藤雅信） 12,000円
民法改正と世界の民法典

新 正幸著 **憲法訴訟論** 第2版 8,800円

潮見佳男著 **プラクティス民法 債権総論** (第3版) 4,000円

債権総論Ⅰ (第2版) 4,800円 **債権総論Ⅱ** (第3版) 4,800円

契約各論Ⅰ 4,200円 **契約各論Ⅱ** 近刊

不法行為法Ⅰ (第2版) 4,800円

不法行為法Ⅱ (第2版) 4,600円

不法行為法Ⅲ (第2版) 近刊

憲法判例研究会 編淺野博宣・尾形健・小島慎司・宍戸常寿・曽我部真裕・中林暁生・山本龍彦
判例プラクティス憲法 予4,800円

松本恒雄・潮見佳男 編
判例プラクティス民法Ⅰ・Ⅱ・Ⅲ （全3冊完結）
Ⅰ総則物権 3,600円 Ⅱ債権 3,600円 Ⅲ親族相続 3,200円

成瀬幸典・安田拓人 編
判例プラクティス刑法Ⅰ 総論 4,800円

成瀬幸典・安田拓人・島田聡一郎 編
判例プラクティス刑法Ⅱ 各論 予4,800円

日本立法資料全集本巻201

広中俊雄 編著

日本民法典資料集成　1
第1部　民法典編纂の新方針

４６倍判変形　特上製箱入り 1,540頁

① **民法典編纂の新方針**　*200,000円*　発売中
② 修正原案とその審議：総則編関係　近刊
③ 修正原案とその審議：物権編関係　近刊
④ 修正原案とその審議：債権編関係上　続刊
⑤ 修正原案とその審議：債権編関係下　続刊
⑥ 修正原案とその審議：親族編関係上　続刊
⑦ 修正原案とその審議：親族編関係下　続刊
⑧ 修正原案とその審議：相続編関係　続刊
⑨ 整理議案とその審議　続刊
⑩ 民法修正案の理由書：前三編関係　続刊
⑪ 民法修正案の理由書：後二編関係　続刊
⑫ 民法修正の参考資料：入会権資料　続刊
⑬ 民法修正の参考資料：身分法資料　続刊
⑭ 民法修正の参考資料：諸他の資料　続刊
⑮ 帝国議会の法案審議　続刊

―附表　民法修正案条文の変遷

信山社

信山社

岩村正彦・菊池馨実 責任編集

社会保障法研究

創刊第1号

＊菊変判並装／約350頁／予価5,000円＊

創刊にあたって
社会保障法学の草創・現在・未来

荒木誠之 ◎ **社会保障の形成期**——制度と法学の歩み

◆ 第1部 社会保障法学の草創

稲森公嘉 ◎ **社会保障法理論研究史の一里塚**
——荒木構造論文再読

尾形 健 ◎ **権利のための理念と実践**
——小川政亮『権利としての社会保障』をめぐる覚書

中野妙子 ◎ **色あせない社会保障法の「青写真」**
——籾井常喜『社会保障法』の今日的検討

小西啓文 ◎ **社会保険料拠出の意義と社会的調整の限界**——西原道雄「社会保険における拠出」「社会保障法における親族の扶養」「日本社会保障法の問題点（一 総論）」の検討

◆ 第2部 社会保障法学の現在

水島郁子 ◎ **原理・規範的視点からみる社会保障法学の現在**

菊池馨実 ◎ **社会保障法学における社会保険研究の歩みと現状**

丸谷浩介 ◎ **生活保護法研究における解釈論と政策論**

◆ 第3部 社会保障法学の未来

太田匡彦 ◎ **対象としての社会保障**
——社会保障法学における政策論のために

岩村正彦 ◎ **経済学と社会保障法学**

秋元美世 ◎ **社会保障法学と社会福祉学**
——社会福祉学の固有性をめぐって

◇第8章◇ 政策・方針決定過程への参画

日本では、政党は、一定の要件を満たせば政党交付金を交付され税金によって運営されていること及び選挙が公営であることを考えれば、憲法・条約上の男女平等取り扱い義務によって直接に拘束される対象です。もっとも、北欧諸国の政党が自主的クォータ制度によって女性議員の増加に成功しているのは、拘束名簿式比例代表制をとっているからであり、男女交互の名簿を採用し、政党がその名簿の順位に拘束をされる前提があることに注意を要します。

第三次男女共同参画基本計画は、政党に対して具体的な数値目標の設定や女性候補者比率のクォータ制度の導入の検討を検討するよう要請し、これまでの基本計画から一歩踏み込んだ内容となっています。

● ロールモデルの確保 ●

しかし、クォータ制度を導入したところで、女性候補者となる人材が十分に確保されなければ意味がありません。人材の養成も重要です。そのためには、政治家である女性たちの活躍が後進のロールモデルとなるよう、その取り組みを政党などが広報したり、政党内の役職への積極的登用などの努力が必要です。

また、女性政治家や候補者についての報道は、「マドンナ候補」「刺客」「小沢ガールズ」など、もっぱら男性の視点中心の興味本位のものが多いといわざるを得ません。女性たちが何を目指して政治に関わり、どのような実績があるのかについて、メディアは、もっと読者・視聴者に情報を伝えるべきです。

このほか、政党助成金を女性候補者に多く振り分ける、議会開催中の就労時間を9時から17時までとする、議会の中または近接した場所に保育所を作るといった、諸外国で議論されている取り組み

を日本でも早期に実践するべきだと思います。

そして、政治分野での活躍を志す人材が男性にも女性にも増えるよう、政治を魅力的な活動にし、政治分野で活躍するロールモデルを増やすことが、今後の発展の鍵といえそうです。

---

(1) 平成 22 年 6 月男女共同参画白書「現状編」1 頁（平成 22 年 5 月時点の統計）
(2) Inter-Parliamentary Union ウェブサイト〈http://www.ipu.org（2010 年 6 月 30 日時点の統計。同年 7 月 24 日最終アクセス〉
(3) 民間企業などにおけるポジティブ・アクションへの取り組みについては、2006 年に男女雇用機会均等法が改正され（2007 年 4 月 1 日から施行）、女性に対するポジティブ・アクションは、男女雇用機会均等法違反とならないことが明記された。
(4) 辻村みよ子『憲法とジェンダー』（有斐閣、2009 年）188 頁以下
(5) 同上 176 頁
(6) 同上 183 頁

◇第9章◇ ドメスティック・バイオレンス（DV）

●ドメスティック・バイオレンス(DV)とは●

かつて日本では、子どもが親や家庭内の親族に対してふるう暴力を、「家庭内暴力」と呼んでいました。しかし家庭内での暴力は、元夫、婚約者や交際相手など、法律的な関係になくても親しい関係にある相手からふるわれる場合もあるので、最近ではこれを「ドメスティック・バイオレンス（DV）」、と呼ぶようになっています。

殴るだけが暴力ではない

暴力とは、殴る、蹴る、髪の毛をつかむ、刃物を持ち出す、物を壊すなどの「有形的身体的暴力」だけを言うのではありません。大声で怒鳴る、行動を監視したり友人付き合いを制限する、話しかけても無視する、相手にせずばかにした態度をとるという「精神的暴力」、同意のない性行為を迫る、避妊に協力しないというような「性的暴力」、また必要な生活費を渡さない、自由になるお金を認めず細かく管理する、浪費したり借金させたりするなどの「経済的暴力」も、暴力です。暴力は、人の身体ばかりでなく心も壊す行為です。

見た目わかりづらいDV

誰しも、暴力をふるわれることや、異常に嫉妬深い陰湿な性格であることが最初からわかっていたら、結婚なんかしなかったでしょう。DVを理由に妻から申し立てられた離婚調停に出てくる男性の多くは、とても紳士的な態度を保ち人当たりもよく、穏やかな口調で話します。「なぜこ

の人がDVを？」と思うような男性ばかりです。一方妻は、そのような夫の気配を感じただけで、動悸が激しくなりぶるぶると震え蒼白になったり、反射的に涙を流してしまうこともあり、被害の深刻さは顕著です。

　家庭裁判所が用意した離婚調停の申立書の書式には、離婚の理由を項目別に列挙し、○をつける欄があります。「暴力をふるう」「浪費する」「精神的に虐待する」「生活費を渡さない」などDVに該当する項目は複数あります。司法統計年報[1]によれば、妻からの離婚申立理由の1位が「性格の不一致」2位が「暴力をふるう」ですが、中には本人がDVであることに気づかず、「性格の不一致」だと思い込んでいる場合も見受けられます。基礎に親密な関係があるため、周囲だけでなく本人にもわかりづらい暴力、それがDVの特徴です。また、暴力をふるうとき以外は特に問題のない夫もたくさんいますし、暴力に対して反省の態度を見せていっそう優しくなることを繰り返すケースが多いのもDVの特徴で、被害に気づくことをむずかしくしています。

判例を見てみよう　夫の暴力を理由に離婚を求めた妻からの訴訟で、裁判所は、「夫は妻が帰ってきてくれることを懇願しており、十分反省すれば婚姻生活の継続は可能である。2人してどこを探しても見つからなかった青い鳥を探して気長に話し合うように」などと、離婚を認めなかったものがあります[2]。この時期には、DVの深刻さがまだ理解されていなかったといえます。10年後の2001（平成13）年には、類似のケースで、夫の暴力による妻のPTSDの発症を認め、妻に対する慰謝料を900万円とする判決がありました[3]。

　離婚事件でDVの責任が問われる判決は増加傾向にありますが、こうして事例が顕在化することは、潜在化しがちなDVの特徴を考

◇第9章◇ ドメスティック・バイオレンス(DV)

えれば、解決に向けては良い傾向だと考えられます。

● **DVは、どうして起こるのか** ●

　内閣府の調査[4]によると、配偶者から身体的、精神的、性的暴力を受けた経験があると答えた結婚経験のある女性（離婚、内縁含む）は33.2％でした。また、10〜20代で、交際相手から身体、精神的、性的な暴力を経験したと答えた女性は13.6％でした。DV経験があると回答した既婚男性は17.7％ですから、女性に対するものが倍近いことがわかります。3人に1人がDV被害を体験したことがあり、過去5年間に限っての体験でも、結婚経験のある女性の13.6％がDV被害を体験しています。

コミュニケーション vs.
パワーコントロール

　人は、社会生活や人間関係において、意見が対立したり思うようにならないとき、相手が自分より立場が弱い場合に、その力関係によって相手を押さえつけてしまうことがあります。パワーによるコントロール（支配）[5]とも言われます。家庭や親密な関係において、自分の言うとおりにならない、しない相手を支配するための暴力がDVです。

　たとえば、家庭には、日常些細なことから子育てや親戚付き合いなど、現実レベルでの意見が食い違うことが多く出てきます。言い合ったり喧嘩したりしながら、相手の立場や言い分を理解しようとする気持ちがあればよいのですが、お互い仕事や育児での疲労が重なると、そうしたコミュニケーションが困難となり、暴力となって現れるのがよく見られるパターンです。

　また、いったん相手の言動に不満を持つような状況に陥ると、男女間特有の嫉妬心、支配願望などが制御できなくなることもありま

91

す。無断でバッグの中やメールを見たり、行動を逐一報告させたり交友関係を制限したりして、心理的に追い詰めていきます。

これに、外部から受けるストレスの発散先が身近な弱者に向かいがちであるという要因も複合的に作用して、DVがエスカレートしているように思われます。

男女のパワー差を支える社会

男性からのDVが多いのは、やはり男女間に社会的な力関係があるからです。いまだ現実的な不平等は多々存在しており、また社会一般に女性を一段低く見て当然という意識が根強くはびこっています。男性自身も、そのような社会的背景に甘えて、自分の暴力を正当化してしまいます。これに加えて、一定の目的があれば暴力はしかたないという考え方も、加害者がDVを正当化することに影響しています。体罰、しつけ目的で殴ることはやむを得ないなどの暴力容認は、「殴られてもしかたないことをしただろう」「意味のない会話ならない方がいい。妻の話を聞くのは時間の無駄」など、踏みつけられる側に問題があるという意識にすり替わります。そして、いったん力で支配することを覚えると、歯止めがかけられなくなる傾向があります。

一方被害女性の側には、好意や愛情、信頼があったはずの親密な関係の中での暴力ですから、その愛情や信頼関係が崩れることを認めたくない思いがあります。「いつもはいい人なんだから、たまに暴力を振るわれることは私が我慢すればすむこと」「大きな声を出されるとビクビクするけど、仕事のストレスかもしれないからそのうちやめてくれる」と、気づかぬうちにDVのエスカレートを招いてしまいます。これに「まさかあんなにいい人が」と周囲も我慢を要求します。社会的役割を背景にしたあるべき論による圧力は、被害者に対して「いい嫁、いい妻であるには少々のことは耐えるべき」という意識をもたらします。

◇第9章◇ドメスティック・バイオレンス(DV)

●一般勧告 19 号と「女性に対する暴力の撤廃に関する宣言」●

暴力は差別である

条約は、女性に対する暴力について直接の規定をおいていません。そこで、女性差別撤廃委員会は、1992（平成4）年の一般勧告19号の中で、条約1条の「女子に対する差別」の定義について「性に基づく暴力、すなわち女性であることを理由として女性に対して向けられる暴力あるいは女性に対して過度に影響を及ぼす暴力を含む」とし、締約国は女性に対する暴力から女性を保護するために必要な立法的措置をとることを勧告しました。

女性に対する暴力の撤廃に向けて

翌1993（平成5）年、国連総会で「女性に対する暴力の撤廃に関する宣言」が採択されました。この宣言では、「女性に対する暴力」とは、性に基づく暴力行為であって、公的生活で起こるか私的生活で起こるかを問わず、女性に対する身体的、性的若しくは心理的危害又は苦痛（かかる行為の威嚇を含む）、強制又は恣意的な自由の剥奪となる、又は、なるおそれのあるものをいう、と定義し、①家庭において発生する身体的、性的及び心理的暴力、②一般社会において発生する身体的、性的及び心理的暴力、③どこで発生したかを問わず、国家によって行われる又は許される身体的、性的及び心理的暴力であるとして、国家や国際機関に対し、暴力撤廃のための政策や貢献等を具体的に示しています。

●DV防止法（配偶者からの暴力の防止及び被害者の保護に関する法律、2001年成立）●

DV防止法は、前記の女性差別撤廃委員会の勧告と国連総会の「女性に対する暴力の撤廃に関する宣言」をふまえて、配偶者からの暴力を防止し、被害者を保護するための施策を講ずることを目的とし

て制定されました。前文には、「配偶者からの暴力は、犯罪となる行為をも含む重大な人権侵害であること、配偶者からの暴力の被害者は多くの場合女性であり、経済的自立が困難である女性に対して配偶者が暴力を加えることは、個人の尊厳を害し男女平等の実現の妨げとなっている」と明記されています。

2004（平成16）年および2008（平成20）年、実情に検討を加え2度の改正を経ました。

どのように防止し、保護するのか

以下、DV防止法をおおまかに紹介します。

DVを防止するという点では、都道府県に①DV防止の基本方針や保護のための施策を定めること、②相談機関やさまざまな情報提供を行う「配偶者暴力相談支援センター」を設置すること（適切な施設においてセンターの機能を果たすこと）を義務づけています（市町村に関しては努力義務）。

被害者保護としては、①DVを受けている者を発見した場合の通報、②警察の対応、③一時的な保護や自立支援などについて定めています。身体に対する暴力を受け、または生命・身体に重大な危害を受けるおそれが大きい場合には、被害者の申立により裁判所が保護命令を出します。保護命令の内容には、「接近禁止命令（6カ月）」、「被害者の子、親族等への接近禁止命令（6カ月）」、「退去命令（2カ月）」、「電話等禁止命令（6カ月）」があります。裁判所は、配偶者暴力相談支援センターに対して保護命令の発令に関する通知をします。

多様化するDVと課題

2008年の改正では、面会の要求、行動の監視に関する事項を告げること等、著しく粗野・乱暴な言動、無言電話、連続しての電話・ファクシミリ・電子メール（緊急やむを得ない場合を除く）、夜間（午後10時から午前6時）の電話・ファクシミリ・電子メール（緊急やむを得ない場合を除く）、

◇第9章◇ドメスティック・バイオレンス(DV)

汚物・動物の死体等の著しく不快又は嫌悪の情を催させる物の送付等、名誉を害する事項を告げること等、性的羞恥心を害する事項を告げること等又は性的羞恥心を害する文書・図画の送付等が付加されました。実際にこうした行為がみられたための改正です。

現行DV防止法では、恋人などの交際関係にある者が保護の対象になっていないこと（いわゆる「デートDV」）、裁判所の命令を待っていては緊急事態への保護が困難であるなどの課題が指摘されています。警察や支援センターの連携、民間のシェルターへの財政支援も大きな課題です。

● DV被害の防止のために ●

DV防止法を受け、各自治体はもちろん民間でも、DV防止への取組は活発になっていますが、被害の減少傾向は見えていません。「配偶者暴力相談支援センター」への相談件数は年々増えています。

まずは相談を　前記内閣府の調査[6]によれば、5年以内にDVを受けた女性のうち、家族や親戚に相談した人は27.6％、友人・知人に相談した人も27.6％で、誰にも相談しなかった人は53.0％という結果となっています。いろいろな意識が相談を妨げていますが、根底には、相談することによってトラブルが具体化することへの危惧があると思われます。とくに、経済的に弱い立場にある女性は、離婚などで生活の基盤を失うことへの不安は深刻です。

とくに精神的暴力や性的暴力については、まずは相談への躊躇をなくすため、それがDVであることの理解を周知させるべきです。セクハラ対策にあるような、たとえば事業所単位での研修の実施などは困難ですし、DVを学齢期の教育プログラムに組み入れること

も現実的ではないかもしれません。しかし、精神疾患に至るケースが少なくないことを考えると、対策を工夫することは急務のように思います。

相談への対応 2010（平成22）年2月に起きた石巻市のDV殺傷事件では、加害者からコントロールされている被害者が警察の説得にもかかわらず被害届を出さなかったことが対処を遅らせました。相談や通報を受けた関係機関は、DVの本質への理解を深め、適切な対応をはかる必要があります。

また、関連機関のネットワークを有効に発揮させる工夫も必要です。自治体の機関、民間支援シェルター、警察などが連携し、ケースに応じた的確かつ迅速な対処が望まれます。

被害者の自立支援、加害者の更生への細かいプログラムなど、DVへの対策にはまだ課題も多く残っています。調査を重ね、事例をふまえて、DV法を改正していくことも必要でしょう。

2009（平成21）年8月にCEDAWで行われた政府報告書審査による最終見解では、日本政府に対して、暴力は許されないという意識啓発をすること、保護命令の発令を迅速化すること、24時間無料のホットライン電話サービスを開設すること、社会的に弱い立場にある外国人女性などを支援していくことなど、詳細な勧告が出されました（パラグラフ32）。

◇ 女性に対する暴力の撤廃に関する宣言4条(k)

「女性に対する様々な形態の暴力の蔓延に関する、特に家庭内暴力に関する調査を促進し、資料を収集し、統計を編集すること、及び、女性に対する暴力の原因、性質、重大性及び結果に関する調査及び女性に対する暴力を防止し救済するために実行された措置の有効性に関する調査を奨励すること。これらの統計及び調査の成果は公表される。」

◇第9章◇ ドメスティック・バイオレンス(DV)

　2010年12月に策定された第三次男女共同参画基本計画では、DV被害者の相談体制の充実、保護および自立支援などがこれまでより踏み込んだ形で盛り込まれました。これまで都道府県にのみ設置が義務づけられていた配偶者暴力相談支援センターを市町村にも広げ、現在の21ヵ所を2015（平成27）年までに100ヵ所に拡大するなど、いくつかの政策については、具体的な数値目標が掲げられました。

　DVは、被害者をコントロールするために行うことが多く、加害者はひとつひとつの暴力から受ける被害者の深い傷つきには気づかないままです。「言うことを聞かない、いつも自分が正しいと思っているお前が悪い」という意識があるからです。家庭や親密な関係においても、いかなる暴力も許されないという考え方を浸透させる必要があります。

---

(1) 平成21年度版司法統計年報「家事編（婚姻関係事件数、申出の動機別）」
(2) 「青い鳥事件」名古屋地裁岡崎支部平成3年9月20日判決（判時1409号97頁）
(3) 神戸地裁平成13年11月5日判決（裁判所HP）
(4) 内閣府「男女間における暴力に関する調査」（2009年3月発表版）
(5) 参考、森田ゆり『ドメスティックバイオレンス～愛が暴力にかわるとき』（小学館、2001年）
(6) 前掲注(4)

◇第10章◇ セクシュアル・ハラスメント

● セクハラはなぜ起こる？なぜなくならない？

「部活の顧問のA先生に、『太ったんじゃないか』と言われたよ。まじ、セクハラだよ。許せない」と女子中学生。「先生、B君にさわられた〜。セクハラされたよ〜」と幼稚園（保育園）の女児。いまや「セクハラ」という言葉は、日常的な用語として社会に浸透しています。

さまざまなセクハラ

まず、均等法の定義に基づいた職場におけるセクシュアル・ハラスメント（セクハラ）とは、職場において相手の意に反する性的な言動により、仕事上の不利益を与えたり、職場の環境を悪化させたりすることです。大学における大学内の支配服従関係を基礎としたセクハラはキャンパス・セクハラ、小中高などでの力関係を前提としたセクハラはスクール・セクハラといわれ、教員など優越的な地位にある者が、その優位な立場を利用しまたは権限を逸脱して、その指導等を受ける者に対して、精神的または身体的苦痛を与えることにより、その教育を受ける権利や意欲を侵害し、教育環境の悪化をもたらす行為です。ほかにも、コーチと選手という力関係を基礎としたスポーツ・セクハラ、男女の性別役割意識に基づく差別的な言動であるジェンダー・ハラスメント、妊娠中の女性への嫌がらせであるマタニティ・ハラスメントなどがあり、セクハラは、社会のさまざまな場面に現

れているといえます。

<small>減るきざしのないセクハラ件数</small> 均等法については後に触れますが、国内法でセクハラの定義がなされたこと、雇用主の責任について「措置義務」を明記しその義務内容が具体化されたことで、職場などでのセクハラ対策はかなり前進しています。そして、大学や学校などでは、ハラスメント対策ガイドラインを作成し、防止と対策に努めなければならないことになっています[1]。

しかしそれでも、セクハラは繰り返され、相談件数も増えています（男女雇用均等室相談件数[2]をみると、セクハラが51.1%、妊娠・出産を理由とする不利益取り扱い15.7%、母性健康管理14.2%、募集採用5.5%。調停申請受理件数では、セクハラが81.7%、是正指導件数もセクハラが66.1%です）。セクハラが圧倒的に多いのはなぜなのでしょうか。またこれまで蓄積されたセクハラ裁判例は、1990年以来300例近くあると思われます。しかし判決に至るまでの和解や示談の数、争いごとになる前に泣き寝入りしてしまったケースもたくさんあります。

言葉は浸透したものの、やはりセクハラの本質への理解が足りないのではないかと思えてなりません。

<small>加害意識が希薄</small> 明らかにセクハラなのに、加害者である男性はそのことに気づかない、なぜセクハラなのか理解できない。そうした事実はまだ多くの職場で見られます。「飲み会のあと、部下の女性を自宅近くまでタクシーで送るのは上司としてよくあること。飲んだ勢いで身体が近づいたり、励ましの意味で『君のようなきれいな子がいてくれるおかげで我が課の男性は張りきれるよ』と言うこともあった。そのことがセクハラだと言われても納得できない」「挨拶代わりに肩をたたくようなことはうちの部の男性は皆していることですよ。コミュニケーションのひとつで

◇第10章◇ セクシュアル・ハラスメント

あって、どうして私だけがセクハラだと言われるか理解できない」といった具合です。

性的なひやかしが健全なコミュニケーションだと勘違いしている、自分の娘や妻が同じようなことにあえば不快になるはずだということが理解できていない、相手が嫌がっていることに気づかないという加害意識の希薄さが、セクハラが繰り返される一因です。

コミュニケーションギャップ

次のように指摘した判例があります。「『デートしよう』などと、部下を食事に誘うなどの行為は、異性と待ち合わせて会うことを意識させるものであり、仕事に対する労いあるいはコミュニケーションであるとはいえない」[3]「断固拒否しなかったことで合意があったというのは、加害者が、自分と異なる立場の者の気持ちがまったく理解できなかったということである」[4]。女性を性的な関心の対象としか見ない意識、女性を対等なパートナーと受け止めない意識が、身勝手な思い込みとなりセクハラにつながるというわけです。

● セクハラは人権侵害である ●

冒頭の、A顧問教師の発言や、B君の行動をセクハラだと言った女子は、自分の意に反する性的言動があったことを率直に訴えたと評価できます。性的なことに関して、されたくない（言われたくない）相手から、されたくない（言われたくない）ことをされた（言われた）、という訴えでだからです。もちろん、彼らの言動が違法行為と評価されるか否かは別に判断されるわけですが。

性的自由の侵害

人格権とは、「ひととして、理不尽な抑圧や侵入を受けることなく自由かつ自律的に生きる権利」であり、「すべて国民は、個人として尊重される。生命、自由及び

101

幸福追求に対する国民の権利については、公共の福祉に反しない限り、立法その他の国政の上で、最大の尊重を必要とする」という憲法13条で保障された基本的人権です。

相手の意に反する性的言動は、「性的自由」を侵害することであり、人格権侵害が問われるものです。判例の表現を見てみましょう。「上司Xの勤務中の女性社員の背後から身体を密着させたり、終礼中にAの腰から臀部付近にかけて触ったりした行為は、明らかにセクシュアル・ハラスメント（他者を不快にさせる職場における性的な言動）であり、女性の人格権（性的自由）を侵害する不法行為である。」[5]「女性の大学院生に、執拗な性的冗談を繰り返し、『恋愛関係を持たないと助言者になれない』などと言って肉体関係を強要、研究室に鍵をかけてわいせつ行為を長期間にわたって行ったことは、身勝手な欲望を満足しようと図り、悪質であるというほかない。身体的自由、性的自由および人格権を侵害する不法行為である。」[6]

働く権利、学ぶ権利の侵害　職場のセクハラでは、被害女性が職場に居づらくなったり、心身の調子を崩した結果退職を余儀なくされることがあります。大学、とりわけ指導教員と学生という緊密かつ代替性のない関係のもとでのセクハラは、学生の教育を受ける権利を著しく侵害することになります。また、被害女性のこうした権利が侵害されると、当事者のみならず周囲の人間関係、信頼関係が傷つき、良好なコミュニケーションが失われる可能性が高くなります。そして、職場でも教育の場でも、あるべき職場環境、労働環境、教育・研究環境、学習環境が損なわれてしまいます。

◇第10章◇ セクシュアル・ハラスメント

● **セクハラは差別である** ●

> 11条1　締約国は、男女の平等を基礎として同一の権利、特に次の権利を確保することを目的として、雇用の分野における女子に対する差別を撤廃するためのすべての適当な措置をとる。
> (a) すべての人間の奪い得ない権利としての労働の権利
> (b) 同一の雇用機会（雇用に関する同一の選考基準の適用を含む。）についての権利

平等法としての均等法

　1985（昭和60）年、女性差別撤廃条約の批准に先立ち、国内法整備の必要が生じていました。
　そこで、1985（昭和60）年6月、雇用の分野における男女の均等な機会および待遇の確保等に関する法律（均等法）が成立します（1972（昭和47）年に制定された勤労婦人福祉法の法改正）。女性の職場進出がすすみ、国内で男女の雇用平等についての法的整備を求める機運は、1975（昭和50）年の国際婦人年、1979（昭和54）年に国連で女性差別撤廃条約が採択されることで高まります。「男は仕事、女は家庭」「企業戦士と内助の功」といった男女役割分担への反発、職場内では「女はお茶くみコピーとり」への反発も高まっていたことが、均等法成立の背景にありました。勤労婦人福祉法は均等法へ、福祉法から平等法へと法律の性格が変わりました。

セクハラと均等法

　一方、1985（昭和60）年以降、セクハラについては、何らかの規制法が必要であるとの見解が高まっていました。セクハラのリーディングケースとされ、法改正にも影響を与えたものと思われる福岡セクハラ事件[7]では、原告は「セクハラの理論」という言葉を使い加害者と会社の責任を追及

し、被告は「セクハラという概念はいまだ不明確であり、法的概念として成熟していない」と反論しました。判決は、「加害者の発言は、職場の関係者に対し個人的な性生活や性向を窺がわせるもので、その結果被害者が職場に居づらくさせる状況を作り、被害者の人格を損ない働く利益を害するものである。これら発言が職場からの放逐手段ないし方途として用いられたことは、不法行為となる」として、加害者と会社の責任を認めました。キャンパスセクハラの代表的な事件としては、京大事件[8]があります。

こうした時代、社会背景を基礎に、1999（平成11）年、平等法として位置づけされた均等法にセクハラ対策が盛り込まれました。

● セクハラの被害は深刻である ●

セクハラ被害者の心情をたどってみましょう。仮に、ささいな出来事ではあっても、また第三者からみて、「さほど気にするようなことではないのでは」と思える出来事でも、セクハラ被害者が受けた心の傷はとても強いものだということを、理解する必要があります。加害者に対して信頼を持っていればなおさら、ショックは大きいものです。

まさか自分にこんなことが起こるとは

学校でも職場でも、自分が被害者になることを予想しながら過ごすことは、まずありません。そのため、被害に遭うということは、一瞬頭が真っ白になるようなひどいショックを受けるということです（犯罪被害一般にもあてはまります）。そして、現実とは思えない、なかったことにしたい、事実を受け止めることができないと思うようになります。無意識に記憶が抜けることもあるといわれます。その後、自分が悪かったのではないか、自分に問題があったらこんな

◇第 10 章◇セクシュアル・ハラスメント

ことになったのではないか？と自分を責めてしまいます。

恐怖心の持続、自責の念、罪悪感の持続、自己否定された失望感、汚されたという屈辱感、加害者を信頼していた自分を否定、疑心暗鬼になり誰も信じられない、相談すると仕返しされるかもしれない、学校や職場に行きたくない、いかなくてはと思っても行けないという心情に陥ります(すべてのケースで起こることではありませんが)。

こころとからだ　ここまで心が痛めつけられれば、体調も悪化します。あるケースでは、過食、不眠、頭痛、慢性的な手足の痛み、思考・運動停止、興奮、憂うつ気分、希死念慮、不眠、易性疲労、不安、胃炎、歩行困難、湿疹、皮膚過敏など、これでもかというように体調が崩れていったものもあります。

PTSD による損害が認められた判例もあります[9]。こころが、嫌悪（相手にも自分にも）、不信、怒り、不安、孤立というというような悪循環に陥ると、からだのどこに不調が出ても不思議ではありません。こうした被害の実情は、体験した者でないとわからないことといえますが、想像力を働かせて理解しようとすることがセクハラ被害を理解することにつながります。

現状と対策

大学でのセクハラを報じるニュースは跡を絶ちません。キャンパス・セクハラは、より近しい関係性で起こる傾向があり、教員の勘違いや思い込みが原因でのセクハラが多くみられます（尊敬の気持ちを個人的愛情だと受け止める、学内権力が個別学生との関係にも成り立つと思い支配しようとする、など）。これを克服するには、徹底した啓発、セミナーや研修会を重ねることが必要です。

また、均等法で定められている責任の主体は事業主ですから、セ

クハラは労務管理の問題であるともいえます。個別トラブルを職場内で適切な解決に導くためには、管理職がセクハラの本質を理解し、職場全体でセクハラについての問題を共有することが不可欠であり、ここでも徹底した啓発、セミナーや研修会を重ねることが必要です。

　相談過程などにおいて、被害者の落ち度を指摘したり、相談したことが流布されることで起こる被害を二次被害といい、セクハラではこれも深刻な問題です。その結果、職場などにますます居づらくなりますし、事実を流布することはプライバシー侵害です。

　2009（平成21）年に行われた日本の政府報告書審査においても職場のセクシュアル・ハラスメントが取り上げられ、女性差別撤廃委員会は最終見解の中で、セクシュアル・ハラスメントを防止できなかった企業への制裁が違反企業名の公表以外にないことに懸念を表明し、官民双方の雇用の分野におけるセクシュアル・ハラスメントを含む女性差別に対して、制裁措置を取ることを勧告しました（パラグラフ45, 46）。

　第三次男女共同参画基本計画では、雇用・教育の場におけるセクシュアル・ハラスメントのみではなく、研究・医療・スポーツの分野等におけるセクシュアル・ハラスメントについても、実態の把握と被害者保護・再発防止のための体制整備を促進することが定められています。

◇第10章◇ セクシュアル・ハラスメント

(1) 文部科学省訓令「文部科学省におけるセクシュアル・ハラスメントの防止等に関する規定」
(2) 厚労省「平成21年度男女雇用機会均等法の施行状況」(セクハラ相談件数は11898件)
(3) 東京地裁平成12年8月29日判決(裁判所HP、判時1744号137頁)
(4) 京都地裁平成13年3月22日判決(裁判所HP、判時1754号125頁)
(5) 大阪地裁平成21年10月16日判決(裁判所HP)
(6) 仙台地裁平成11年5月24日判決(判時1705号135頁)
(7) 福岡地裁平成4年4月16日判決(判タ783号60頁)
(8) 京大東アジア研究センター所長(教授)の私設秘書である女性が、所長のセクハラを理由に退職した事件。同じ京大女性教員が所長のセクハラを指摘した文書を公開シンポジウムで配布したことに対して、所長は名誉毀損を理由に損害賠償請求訴訟を提起したが、名誉毀損は否定され、セクハラが事実であるとされた(京都地裁平成9年3月27日判決(判時1634号110頁))。
(9) 岡山地裁平成14年11月6日判決(労判845号73頁)

◇第11章◇ 女性に対する性暴力

強かんに関する問題

　性暴力裁判は、これまで被害者が裁かれる裁判と言われ続けてきました。日本から目を転じれば、1970年代以降は、女性運動により世界的に強かん罪規定の改正が行われました。しかし日本はその波から取り残されています。強かん処罰に関する日本の問題点について、本章では考えていきたいと思います。

強かん罪の規定

　日本の強かん罪の規定は1907（明治40）年に制定されたものが今日もそのまま使われています。2004（平成16）年に強かん罪の法定刑の下限が2年から3年に引き上げられましたが、何をもって強かんとして処罰するのかという犯罪の構成要件については、100年以上もの長い間一切の改正がありません。
　こうした古い日本の法律は、強かん罪を以下のように定めています。

「刑法第177条　暴行又は脅迫を用いて13歳以上の女子をかん淫したものは、強かんの罪とし、3年以上の有期懲役刑に処する。13歳未満の女子をかん淫した者も同様とする」

● 強かん罪規定の問題点 ●

暴行脅迫が手段でなければならないこと

まず最初の問題は、強かん罪が成立するためには、暴行脅迫がその手段とされていなければならないということです。法律自体は、どの程度の暴行脅迫でなければならないかということは言っていませんが、判例は、強かんの手段である暴行脅迫とは、相手方の抵抗を著しく困難にする程度のものでなければならないと更なる絞りをかけています[1]。これは後で説明する強かん神話——女性は貞操を守るためであれば命をかけて抵抗するべきであり、その程度の抵抗をしない女性の貞操は保護に値しない——の一つの現れですが、その結果、女性が恐怖で抵抗できなかった場合などは、性行為に女性が同意をしていなかったとしても、暴行脅迫が用いられていなかったということを理由に、強かんはなかった、とされてしまいます。警察や加害者の弁護士から「被害者の下着が破れていない」「本当に嫌なら女性は暴れて抵抗するはずで、そのときに体をいろいろなところにぶつけてできたあざや擦り傷ができるはずであるが、それがない、よって強かんではない」となどと言われることも決して珍しくありません。

そもそも、強かん罪が加害者を処罰することによって守ろうとしているのは、被害者の性的自由です。被害者の同意のない性行為はそれ自体被害者の性的自由を侵害するものであって、違法なものとなるはずです。しかし、法律は、被害者の同意がなかったとしても、暴行脅迫という手段が使われたか否かということに着目して強かん罪の成否を決めてしまいます。これは結局のところ、女性の同意がなくても、暴行脅迫を用いていなければ犯罪にはならないという意味で、法律自体が一定の範囲内において被害者（女性）の意思を加

◇第 11 章◇ 女性に対する性暴力

害者（男性）が蹂躙することを許容しているということができるのです。

性行為同意年齢が低すぎること

被害者が 13 歳未満の場合、手段として暴行脅迫が用いられていなくても、強かん罪は成立します。それは被害女児が 13 歳未満の場合には、性交渉についての十分な判断能力がないということを理由とするとされます。しかし、果たして 13 歳未満の女児のみを保護すれば足りるのでしょうか？

男性の性被害を強かん罪として処罰できないこと

もう一つの問題は、強かん罪は被害者を女性に限っているという点です。これはそもそも強かん罪が女性の性的自由に対する罪ではなく、娘や妻といった財産に対する罪であったことの名残[2]です。しかし、性的自由を持っているのは女性だけではありません。妊娠する可能性のある行為のみを強かん罪として裁き、その他の身体への侵入行為は法定刑がより軽い強制わいせつ罪としてしか裁けないということも同じ根っこを持つ問題です。女性器への男性器の挿入行為だけではなく、性的自由を侵害し得るその他の身体への挿入行為についても、強かん罪として広く処罰することが必要です。

親告罪であること

強かん罪は、強制わいせつ罪とならんで親告罪とされています。親告罪とは、被害者等の告訴がない限り裁判ができないということです。これは、被害者のプライバシーを守るものと言われています。しかし、その一方で、同じく被害者のプライバシーが守られなければならないはずの強かん致傷罪や集団強かん罪は親告罪ではありません。結局のところ、親告罪は、加害者を訴えるかどうかという判断を被害者に負わせるとともに、示談というお金の支払いと引き換えに加害者の処罰の判断を

被害者に強要するという局面があります。その他の犯罪では、示談があっても加害者が完全に免責されるということはほぼないということと対照的です。被害者のプライバシーは、告訴をするかどうかというところで守るのではなく、捜査や裁判の手続き上細心の注意を図って守っていくべきだと考えられます[3]。

法定刑が軽すぎること　強かん罪の法定刑は、2004（平成16）年の法改正でそれまでの下限2年から下限3年へと引き上げられました。しかし、同じく「暴行脅迫」を用いて財産を奪う強盗罪の法定刑の下限は、5年とされており、未だにその溝は埋まっていません。これは、財産よりも女性の性的自由の方が保護が軽くていいと法律自体が言っているのと同じです。法定刑の引き上げも早期に実現されなければならないでしょう。

強かん神話

このような強かん罪の規定のみでなく、強かん神話という強かんに関する人々の偏見が、加害者の不処罰を招いています。

強かん神話とは、代表的なものとして、次のようなものをいいます[4]。

①強かんは被害者と面識のない加害者により行われる
⇒面識のある相手との性行為は強かんではない。

②強かんは暗い夜道や公園あるいは無理やり連れて行かれた場所で行われる　⇒家の中やホテルなどでの性行為は強かんではない、同意して行った場所での性行為は強かんではない。

③被害者は貞操を守るために性交を拒む
⇒貞操観念がない女性との性行為は強かんではない。

④女性は生命・身体の危険を冒しても最後まで抵抗を図るもので

◇第 11 章◇ 女性に対する性暴力

あり、そのような抵抗を抑圧して行われるのが強かんである
　⇒被害者が生命・身体の危険を冒して最後まで抵抗を図っていなければ強かんではない。

　こうした偏見を総合すると、結局のところ、強かんの被害者であるためには「貞操の固い」女性でなくてはならず、その上屋外で見知らぬ男から暴力を振るわれた上で行われるもののみが強かんだというステレオタイプが成立してしまいます。そして、このようなステレオタイプに該当しない行為は、仮に表面上は強かん罪の規定に該当したとしても、強かんにはあたらないとして、警察が告訴を受理しない、あるいは検察官が起訴しない（起訴されても裁判で被告人は無罪になる）、という極めて不当な状況が生じることにもなります。

● 実際の調査結果 ●

　それでは、実際に強かんの被害にあった被害者はどのような状況にあったのでしょうか。
　この点に関しては、1998（平成 10）年に警察庁協力の下で実施された性犯罪の加害者及び被害者に対する調査が存在します。大変残念なことに、上述のような強かん神話ゆえに、警察から告訴も受理されず門前払いされるケースが少なくないため、警察庁が把握しているこのデータ自体も、必ずしも強かんの実態を全て反映しているとはいえないと思われます。しかし、それでもなお、警察庁の協力の下行われた調査によっても、強かん被害の実際は、上記の強かん神話が描くステレオタイプと大きく異なることが明らかにされています[5]。
　そして、この調査の結果分かったことは、強かん被害は多くの場

合、自宅室内をはじめとした屋内で顔見知りから行われるものであり、この場合加害者はさしたる力や暴力行為を行うことなく被害者を恐怖で凍りつかせ、強かん行為に及んでいるということでした。強かん神話が描き出す強かんのステレオタイプと実際の強かんは大きく異なるのです。

● 裁判所における強かん神話 ●

しかしながら、このような被害者のリアリティは裁判所が必ずしも理解するところではありません。

裁判所は、これまでにも、被害者には落ち度があった、被害者の貞操観念には疑問が残る、被害者はファッションモデルやパーティコンパニョン等の派手な経歴の持ち主であるということを理由として[6]、あるいは大声をあげて助けを求めず、さしたる抵抗もしていないのは、強かんの被害者の態度として不自然であるなどとしたものがあります[7]。最近の痴漢（強制わいせつ）の事案では、①被害者の述べる痴漢被害は、相当に執拗かつ強度なものであるにもかかわらず、被害者は、車内で積極的な回避行動を取っていない、②にもかかわらずその後の被害者の被告人に対する積極的な糾弾行為はそぐわない、③被害者は途中駅でいったん下車しながら、車両を変えることなく、再び被告人のそばに乗車しているということから被害者の供述は信用できない[8]、としていずれも被告人に無罪を言い渡しています。

このように、女性の性的自由が問題となる強かんや強制わいせつの事案においては、他の犯罪以上に、被害者の供述に疑いの目が向けられ、被害者は貞操観念のある女性か否か、貞操を守るためにするべき抵抗を行ったかという強かん神話に裏打ちされた判断を行い、

◇第11章◇ 女性に対する性暴力

そうしたステレオタイプに該当しない場合には、被害者の供述の信用性が否定されるという状況になっているのです[9]。これは例えば強盗の被害者であれば、このような行動を取るべきであったのに、そのような行動を取っていない、よってその被害者が強盗にあったという供述は信用できないなどという認定が裁判所からよほどのことがない限り行われないのと大きく異なっています。

● 条約の観点から ●

さて、そこで、このような状況は条約から見てどのように考えればいいのでしょうか。

◇ **一般勧告19号**　条約自体は、女性に対する暴力の禁止という条項を置いていません。しかし、条約の精神が当然に女性に対する暴力を許さないものであることは明らかで、その旨を明らかにしたのが女性差別撤廃委員会が作成する一般勧告19号です。この勧告は以下のように言っています。

「条約は第1条において女性に対する差別を定義している。この差別の定義は、ジェンダーに基づく暴力、すなわち、女性であることを理由として女性に対して向けられる暴力、あるいは、女性に対して過度に影響を及ぼす暴力を含む。それは、身体的、精神的、又は性的危害もしくは苦痛を加える行為、かかる行為の威嚇、強制、及びその他の自由の剥奪を含む。ジェンダーに基づく暴力は、条約の特定の規定に違反する（これらの規定が、暴力について明示的に述べているか否かを問わない。）。」

「本契約に基づく差別は、政府によって、又は、政府に代わってなされる行為に限られるものではないことが強調されるべきである（条約第2条(e)、(f)及び第5条参照）。例えば、第2条(e)に基づいて、条約は、締約国に、個人、団体又は企業による女性に対する差別を撤廃するためのすべての適当な措置をとることを要求している。また、一般国際法及び特

定の人権規約のもと、国家は、権利の侵害を防止するために相当の注意をもって行動すること、又は、暴力行為を調査し、刑罰を科すことを怠った場合には、私人による行為に対しても責任があり、補償を与える責任があるであろう。」

このように、仮に性犯罪は私人間で行われるものであっても、その防止のために国が必要な配慮を払っていなかった場合には、条約上国の責任が問われることもありうると明確にされています。

女性差別撤廃委員会の勧告

しかし、以上見てきたように、日本では強かんの処罰については極めて不十分な状況にあると言えます。

そこで、2009（平成21）年7月に出された女性差別撤廃委員会の最終見解ではこうした日本の状況を問題視し、次のように述べています。

「委員会は、女性の人権侵害として女性に対する暴力に対処することや、女性に対するあらゆる形態の暴力に対処する取組において委員会の一般勧告第19号を十分に活用することを締約国に要請する」

「委員会は、刑法において、性暴力犯罪は被害者が告訴をした場合に限り起訴され、依然としてモラルに対する罪とみなされていることを懸念する。委員会はさらに、強かん罪の罰則が依然として軽いこと及び刑法では近親かん及び配偶者強かんが明示的に犯罪として定義されていないことを引き続き懸念する」

「委員会は、被害者の告訴を性暴力犯罪の訴追要件とすることを刑法から撤廃すること、身体の安全及び尊厳に関する女性の権利の侵害を含む犯罪として性犯罪を定義すること、強かん罪の罰則を引き上げること及び近親かんを個別の犯罪として規定することを締約国に要請する」

自由権規約委員会からの勧告

さらに、日本は性暴力については、自由権規約委員会からも2008（平成20）年に次のような厳しい勧告を出されています。

◇第11章◇ 女性に対する性暴力

「締約国（日本）は、刑法第177条の強かん罪の定義の範囲を拡大し、近親かん、性交以外の性的暴行、男性に対する強かんが重大な犯罪とされることを確保するべきである。また、抵抗したことを被害者に証明させる負担を取り除き、強かんや他の性的暴力犯罪を職権で起訴すべきである」

個人通報のケース

なお、日本は未だ選択議定書を批准していませんが（詳しくは第16章参照）、個人通報を用いたケースで、強かん神話に強く影響されて強かんの加害者を無罪としたフィリピンの裁判は女性差別撤廃条約に違反するものだとして、フィリピンの条約違反を認めたケースがあります（2010（平成22）年）。委員会の決定は、被害者への金銭補償に加え、性犯罪については、被害者の同意の欠如を中心に性犯罪処罰の条文が構成されるべきであること、被害者の明確な同意のある場合にのみ犯罪成立を否定し、その同意の存在あるいは同意を得るために取ったステップの立証責任を加害者側に課すこと、裁判官や検察官、弁護士に、女性差別撤廃条約に関する適切な研修を行うこと等の勧告を出しました。

日本でも、後少しで選択議定書の批准にこぎつけるかもしれません。その際には、こうしたフィリピンのケースも大いに参考になるでしょう。

最後に

このとおり、日本の強かん罪の規定及びその適用については数え切れない問題があり、国際的なスタンダード上大きな問題があります。強かん罪の定義を見直し、かつ強かん神話の影響を受けない正当な事実認定の方法をもって強かん罪が処罰されるような規定や実務の運用が必要になります。この際に、上記委員会の勧告に加え、国連が作成した「女性に対する暴力に関する立法ハンドブック」も参考になるでしょう[10]。2010（平成22）年に公表された第三次男女共同参画基本計画においても、「女性に対

する暴力は、犯罪となる行為を含む重大な人権侵害であり、その回復を図ることは国の責務であるとともに、男女共同参画社会を形成していく上で克服すべき重要な課題である。(……)こうした状況を踏まえ、女性に対する暴力を根絶するため、社会的認識の徹底等根絶のための基盤整備を行うとともに、配偶者からの暴力、性犯罪等、暴力の形態に応じた幅広い取組を総合的に推進する」としています。

───────────

(1) 最高裁(三小)昭和24年5月10日判決(刑集3巻6号711頁)
(2) 角田由紀子『性差別と暴力』(有斐閣、2001年)184-185頁
(3) 角田由紀子「強かん罪・親告罪・女性の人権」東京強かん救援センターニュースNo.71(2010年)
(4) 第二東京弁護士会両性の平等に関する委員会／司法におけるジェンダー問題諮問会議編『事例で学ぶ司法におけるジェンダー・バイアス(改訂版)』(明石書店、2009年)
(5) 内山絢子「性犯罪被害の実態――性犯罪被害調査をもとにして」警察学論集第53巻第3号～第6号(2000年)
(6) 東京地裁平成6年12月16日判決(判時1562号141頁)
(7) 東京地裁平成14年3月27日判決(判時1791号152頁)
(8) 最高裁(三小)平成21年4月14日判決(刑集63巻4号331頁)
(9) 大阪刑事実務研究会「事実認定の実証的研究第四回強かんの認定」(担当下村幸雄高知地裁判事)(判タNo.246、51頁)は、強かん罪の事実認定に際には、「実務上比較的多いのは、行為者に強かんの故意があり、完全な合意があるとも認められない。格段の暴行脅迫もなく、被害者も殆んど抵抗らしい抵抗を示していないこじった事件である。このような場合、被害者の『真意』の認定にウェイトをおきすぎ、暴行脅迫の点を軽視することは危険である」とする。
(10) 国連経済社会局女性の地位向上部著／ヒューマンライツ・ナウ編訳『女性に対する暴力に関する立法ハンドブック』(信山社、2011年)。このハンドブックは以下のとおりの国内法の整備を求めています。
「性暴力」について次のような立法がされるべきである。
・性暴力を、身体の統合性と性的自律性への侵害と定義すること。
・現存する強かん罪と強制「わいせつ」罪とを、危害の程度により格付けされる、

◇第11章◇ 女性に対する性暴力

幅広い性暴力の罪に変更すること。
・例えば、被害者の年齢、加害者と被害者の関係、脅迫または暴力の利用、複数の加害者による犯行、被害者に与えた重大な身体的・精神的影響など、これに限定されないが、一定の状況では刑を加重すること。
・性暴力には暴行または脅迫が伴わなければならないという要件およびかん淫（性器の挿入）の立証の要求を撤廃すること。さらに以下のような規定のいずれかを立法することにより、被害者の二次被害を最小限にすること。
「明確かつ自発的な合意」の存在および被告人が被害者の同意を確認するためにとられた手法の証明を被告人に求めるか、または
当該行為が「強制的な状況」下で行なわれたことを要件とし、その強制的な状況として広い範囲を定義すること。
・関係内での性暴力、つまり、婚姻関係における強かんを次のいずれかの要件により明確に刑事罰の対象とすること
加害者と被害者との間の「関係の性質に関わらず」性暴力の条項が適用されるようにする。
「婚姻や関係性は法律上、性暴力の成立を妨げる理由にはならない」と明記する。

◇第12章◇ 人身売買、人身取引

● 売買される女性 ●

　人身売買あるいは人身取引（trafficking in persons）は、人が、物として、商品として扱われるという意味で、人の尊厳や人権という概念とは真逆に位置するものといえます。奴隷制度がその典型でしょう。

過去の物語ではない　　かつて日本国内では、貧困に苦しむ家庭の女性が女衒に売られていく時代が長く続きました。また19世紀後半、日本の女性は、東アジアや東南アジアに売られて娼妓となるという国際的な取引の対象になっていました（からゆきさん[1]）。こうした悲惨な事実は、いまでは多くの文学や映像などにより、過去のものとして振り返られています。

　しかしこの人身売買・人身取引は、決して過去のものではありません。おもに東南アジアや南米の貧困に苦しむ多くの女性が、売られて日本の性風俗、性産業に放り込まれています。売られた女性たちが、日本で体験する過酷な状況も決して過去の物語ではなく、被害にあった女性の中には精神を病んだり死に至るケースも少なくありません。

差別と偏見　　にもかかわらず、つい最近まで、日本ではそれが人権侵害であるという理解さえ乏しいものでした。「彼女たちは、売春で金を稼ぐために自ら進んで日本に来ているの

だ」「迷惑至極な存在だ」としか、受け止められていませんでした。

　日本に送り込まれる人身取引の対象である女性は、国際的人身取引組織の犠牲者です。貧困から脱したいために日本で働くことを希望し、その思いにつけこまれ騙されて日本に入国し、監禁・売春をはじめとする凄惨な被害を受けるのですが、受け入れ国である日本の社会では、捜査機関もメディアも例外なく、女性はもとより貧しい国そのものへの差別意識や偏見によって、長いあいだ、その被害の本質を見誤っていました。

● 条約批准後に起こった事件 ●

> 6条　締約国は、あらゆる形態の女子の売買及び女子の売春からの搾取を禁止するためのすべての適当な措置（立法を含む。）をとる。

人身取引のしくみ　タイ北部の農村に暮らしていた20代の3人の女性、家族の生活は貧しく、狭い畑で作物を作るほか仕事はありません。条約批准から6年後の1991（平成3）年、ある口利き人が、「日本で働かないか」「日本での仕事は、ラジオ工場での組み立てか、タイ料理店でのウェイトレス」「渡航費用は立替えてやるので心配はない」と日本行きの話を持ちかけます。3人とも、家族のため、「日本で働きたい」と思いました。成田に入国した3人は、日本での引受人からいきなりパスポートを取り上げられ、車で茨城県某市に連行され、同国のタイ人に監視、監禁されました。

　人身取引組織は、1人あたりの買い取り価格を約300万円とし、

◇第 12 章◇ 人身売買、人身取引

これを、渡航費用などの実費、最初の口利き人や日本での引受人など関与したメンバーに分配します。そして、支払った 300 万円の代金に 100〜150 万円の利益を上乗せし、合計 400〜450 万円を、女性に売春させることで回収します。つまりタイから来た 3 人の女性は、売春の対価が 400〜450 万円に達するまで、1 円ももらうことなく、毎夜売春を繰り返さなければなりません。監視役は組織の一員であるタイ人で、売春の対価を手元に管理していますが、組織から早く回収することを命ぜられて、女性には 1 日に複数の客を取らせることも頻繁でした。

商品である女性本人はもちろん、その家族も 1 円も受け取っていませんから、売買、取引という言葉はあてはまらず、売買の当事者は別にいるのです。

被害の実態　こうしてタイから日本に来た 3 人の女性は、自分自身にも家族にも、まったくお金が入らないのに、不特定多数の男性との性関係を繰り返さなければならない、1 回 2 万円として 400 万円になるには 200 回です。これは、よく言われるところの、「売春の強要」ではありません。意に反し、しかも対価がまったくない性交渉は、被害女性からすれば、200 回のレイプ、強かん被害をうけるのと同じです。絶望に陥り、耐えられるはずがありません。監視役からは、監禁はもちろん、暴力を伴う抑圧を繰り返し受け、「逃げたらタイの家族を殺す」と脅され続けます。

被害女性が強盗殺人犯に　3 人の女性は、来日して 6 カ月ほど経った頃、瓶でタイ人の監視役を殴り、逃走しました。置かれた状況からすれば、それしか方法がないと考えて当然でしょう。3 人は、監視役のバッグに取りあげられた自分のパスポートが入っていたので、バッグを持って逃走しました。ところが、そのバッグに、客から受け取っていた売春代金の約 700 万円が入って

123

いました。殴られた監視人は死亡し、3人は、強盗殺人罪（法定刑は、無期懲役または死刑）で起訴されました。検察官が作成した冒頭陳述書には、「日本で金を稼ぐため、売春目的で来日したが、思うように稼げず、監視役のバッグの金を奪う目的で殺した」と書かれていました。判決も、女性の立場に同情を示したものの、強盗殺人罪であると認定し懲役10年の刑を言い渡しました[2]。そう過去とはいえないこの時期に、犯罪に対峙する立場の捜査機関、また裁判所でさえ、タイなどアジア諸国から来た女性をこのように見ていたのです。

全国で起こった同じようなケース

こうした事件は、2000年代前半まで、全国で何件か起こりました。日本を舞台にした国際的人身売買、人身取引は、バブル期崩壊後、不況の継続とともに、日本人男性の買春客が減ったことや、外国人の不法滞在取り締まりに向けた入管での水際対策も厳しくなっていましたが、深く潜行しながら続いていました。三重県に運ばれたあるタイ人女性は、繰り返されるレイプに早々に心を折られ、脱出する機会もないまま、450万円に達するまでの性行為に耐えたのですが、監視役から「おまえはもう1回売られることになった」と言われます。終わりのない蟻地獄、ついに逃亡を決意して監視役を殴り死亡させました。殺人罪での服役中（懲役7年）[3]、卵巣がんを発病し、亡くなりました。

問題の本質と日本社会の受け止め方

売春ではなく強姦！

日本政府の女性差別撤廃条約実施状況第4回報告に、次のような記述があります。「中には、外国人女性がこれらブローカーに騙されて我が国に連れてこら

◇第12章◇ 人身売買、人身取引

れ、多額の借金を背負わされて、売春を強要される例や本来受領すべき報酬から法外な額を天引きされている例もみられる」。第5回報告にも、「ブローカーの（略）日本人男性は調べに対し、女性の引率を行い、入国後茨城県内のスナックに230万円で売り渡し、成功報酬20万円及び交通費として3万円を受け取り、店側は女性に450万円の借金を負わせ、売春で返済を迫ることになっていたと供述した」とあります。しかし借金であれば実際に金銭を受け取っているはずですが、被害女性も家族も、来日するにあたり金銭などまったく受け取っておらず、450万円は「借金」ではありません。被害女性は、日本で、売春ではなく強かんの被害にさらされているということです。

取引に加担したひとたち　かつて警察は、騙されたことを知り警察に逃げた被害女性に対して、通訳を介して説明を聞くこともなく店に戻す、というようなことを平気でやっていました。「所詮、売春で稼ぐために来たのだろう」という程度の対応です。被害女性を買春した日本人男性の客は、小学校の教員グループだったり、地元の青年会議所のメンバーなど、ふつうの市民生活を送っているひとたちでした。また、男性だけでなく日本人女性も、「売春で稼ぎに来た女性」という蔑みの視線で見ていました。国内のひとたちがこうしていろいろな形で人身取引に加担してしまったため、組織の利益を阻むものなどなかった時期が長く続きました。

シェルターの活動　とはいえ、条約批准から間もなくの頃、民間では、このような状況で危機に陥った女性を緊急に一時保護する目的で、民間の女性団体がシェルターを設立する動きがありました。たとえば、1986（昭和61）年、財団法人日本キリスト教婦人矯風会が開設した「女性の家HELP」は、人身取引での被害女性の救済にいち早く対応し、被害女性から被害の実態を聞く

とともに、宿泊施設での被害女性の生活を支え精神的な安定をはかり、また帰国への手続きを支援しています。「女のスペースみずら」「女性の家サーラー」なども知られています（いずれも NPO 法人化）。

しかし、こうしたシェルターの支援にも限界がありました。たとえば帰国のためには入管での収容や取り調べが必要でしたので、被害女性が身体と心に受けた傷をシェルターで回復して帰国させることは難しかったからです。

人身取引でのこの深刻な被害をなくすためには刑事立法が必要である、犯罪なのだからそれを取り締まる法が必要だということが、当時シェルターにかかわっていた人たちの思いでした。

● 国連「人身取引議定書」と日本の対策 ●

2000（平成12）年、国連で人身取引議定書（「国際的な組織犯罪の防止に関する国際連合条約を補足する、人（特に女子及び児童）の取引を防止し、抑止し処罰するための議定書」）が採択されました。

◇ **人身取引議定書第3条(a)**

> 「人身取引とは、搾取の目的で、暴力その他の形態の強制力による脅迫若しくはその行使、誘拐、詐欺、欺もう、権力の濫用若しくはぜい弱な立場の濫用又は他の者を支配下に置く者の同意を得る目的で行われる金銭若しくは利益の授受の手段を用いて、人を獲得し、輸送し、引き渡し、蔵匿し、又は収受することをいう。
>
> 搾取には、少なくとも、他の者を売春させて搾取することその他の形態の性的搾取（略）を含める」

人身取引議定書で犯罪と認められる行為は、本体条約である「国際的な組織犯罪の防止に関する国際連合条約[4]」上の刑事処罰の対象となります。

◇第 12 章◇ 人身売買、人身取引

◇ 人身取引議定書第 2 条(a)

「女性及び児童に特別な考慮を払いつつ、人身取引を防止し、これと戦うこと。(b) 人身取引の被害者の人権を十分に尊重しつつ、これらの者を保護し援助すること。」

2002（平成 14）年議定書に署名した日本は、2004（平成 16）年 4 月、「人身取引対策に関する関係省庁連絡会議」を設置、同年 12 月、「人身取引対策行動計画」を策定しました。

同じ時期の 2004 年、米国国務省の人身売買報告書において、日本は監視対象国のリストに入りました。人身取引への対策を厳しく批判され、このことも対策を促す契機となりました。

刑事法、入管の改正　2005（平成 17）年、人身売買罪が新設され（刑法 226 条の 2）、人身の売渡行為と買受行為が犯罪であると法に明記されました。既存の略取及び誘拐罪など（同 225、226、227 条）を改正し、営利目的だけでなく「生命もしくは身体への加害目的」、日本からの移送だけでなく日本国内への移送も対象としました。また、逮捕監禁罪（同 224 条）の法定刑を引き上げています。

2005（平成 17）年、入管法（出入国管理及び難民認定法）の改正により、人身取引被害者には在留特別許可を認めることができるとされました。被害者の保護、援助を目的としていますが、許可するか否かは法務大臣の裁量によります。

指摘される不十分な対策　被害女性の身体的、心理的、社会的な回復のための措置は、やはりこれでは不十分であると言わざるを得ません。「人身取引対策行動計画」で支援の要請をされた自治体の婦人相談所などでも、通訳やカウンセリングなど専門スタッフを十分に配置できていませんし、被害者本人の経済的

な基盤はないままです。

2010年の米国国務省の人身売買報告書でも、日本は、人身売買問題の捜査や訴追、被害者を特定し、保護する取り組みが不十分であると評価されました。

2009年に行われた日本政府の報告書審査に対する最終見解では、人身取引議定書の批准を求めました。議定書を批准するためには、本体の「国際組織犯罪防止条約」を国内実施するための刑法改正[5]が必要だとする議論がありますが、必ずしもそうではありません。女性差別撤廃委員会は、人身取引と闘うために締約国が実施した取組を積極的に評価する一方、女性や女児の人身取引が続いていること、売春による性的搾取、ならびに人身取引の被害女性の回復を図る施策が導入されていないことについて懸念を表明しています（パラグラフ39）。委員会はさらに、売春による性的搾取や人身取引の被害者のために社会復帰の施策（回復プログラムなど）を講じること、インターンや研修生用の査証の発給を監視することに加え、国際組織犯罪防止条約の人身取引議定書を批准するよう求めています（パラグラフ40）。

日本政府の第三次男女共同参画基本計画は、「人身取引対策2009」に基づき、被害者の発見・保護、関係機関の連携などを進めることにしています。

長い年月と被害女性の犠牲の積み重ねの上に、人身取引被害への取り組みの必要性は自覚できたとはいえ、根強い差別意識を拭えないことが実効を伴なわない一因であると考えられ、さらなる啓発活動が必要ではないでしょうか。

---

(1) 山崎朋子『サンダカン八番娼館』（筑摩書房、1972年）、森崎和江『からゆきさん』

◇第 12 章◇ 人身売買、人身取引

　　（朝日新聞社、1976 年）などの著書で広く知られるようになる。日本に売られて
　　来るアジアの女性について、「じゃぱゆきさん」と言われるようになった（山谷哲
　　夫『じゃぱゆきさん——女たちのアジア』(講談社、1992 年))。
(2) 水戸地裁下妻支部平成 6 年 5 月 23 日判決
(3) 名古屋高裁平成 14 年 7 月 8 日判決
(4) 2000 年 11 月 15 日国連総会で採択。人身取引に関する議定書のほか、密入国に
　　関する議定書、銃器に関する議定書がある。
(5) 国際組織犯罪防止条約の批准のため、刑法に共謀罪（(重大に犯罪に限り)犯罪の
　　実行がなくても謀議があれば処罰の対象とする）を加える法案が出されましたが、
　　2 度にわたり廃案となりました。処罰範囲が著しく拡大する可能性があるとし
　　て、共謀罪に対する批判は多く、また国連は、条約批准には必ずしも共謀罪の制
　　定が必要ではないとの見解を公表しています。

◇第13章◇ リプロダクティブ・ヘルス／ライツ

　リプロダクティブ・ヘルス／ライツ（性と生殖の健康・権利）とは、性と生殖に関して、男女が平等に自己決定をする権利を持ち、健康を保つことです。

　国際人権文書で最初に生殖・家族計画への言及がなされたのは、第一回世界人権会議（テヘラン）で採択された文章です。このテヘラン文書は、「親の権利」として子どもの数と産む間隔を自由にかつ責任をもって決める権利は基本的人権であると宣言しました。その後、2回の世界人口会議（1974（昭和49）年・ブカレスト、1984（昭和59）年・メキシコシティー）を経て、1994（平成6）年にカイロで開かれた国際人口・開発会議（ICPD）は、女性および男性の権利としてのリプロダクティブ・ヘルス／ライツの考えを大きく発展させました。

　カイロ会議において採択された「カイロ行動計画」では、リプロダクティブ・ヘルスとは、「人間の生殖システム、その機能と（活動）過程のすべての側面において、単に疾病、障がいがないというばかりでなく、身体的、精神的、社会的に完全に良好な状態にあること」と定義されました[1]。具体的には、満たされていて安全な性生活を持つことができること、子どもを産むか産まないか、いつ産むのか、どのくらいの頻度で何人産むかなどを決定する能力と自由を持つことをいいます。また、リプロダクティブ・ライツは、「すべてのカップルと個人が自分たちの子どもの数、出産間隔、並びに出産する時を責任をもって自由に決定でき、そのための情報と手段を得る

ことができるという基本的権利、並びに最高水準の性に関する健康及びリプロダクティブ・ヘルスを得る権利」と説明されています[(2)]。

● 条約の規定 ●

リプロダクティブ・ヘルス／ライツについて、条約上の関連する規定は、少なくとも以下のようなものがあります。

> 10条　締約国は、教育の分野において、女子に対して男子と平等の権利を確保することを目的として、特に、男女の平等を基礎として次のことを確保することを目的として、女子に対する差別を撤廃するためのすべての適当な措置をとる。
> 　(h) 家族の健康及び福祉の確保に役立つ特定の教育的情報（家族計画に関する情報及び助言を含む。）を享受する機会

> 12条1　締約国は、男女の平等を基礎として保健サービス（家族計画に関連するものを含む。）を享受する機会を確保することを目的として、保健の分野における女子に対する差別を撤廃するためのすべての適当な措置をとる。
> 12条2　1の規定にかかわらず、締約国は、女子に対し、妊娠、分娩及び産後の期間中の適当なサービス（必要な場合には無料にする。）並びに妊娠及び授乳の期間中の適当な栄養を確保する。

◇第13章◇ リプロダクティブ・ヘルス／ライツ

> 14条2　締約国は、男女の平等を基礎として農村の女子が農村の開発に参加すること及びその開発から生ずる利益を受けることを確保することを目的として、農村の女子に対する差別を撤廃するためのすべての適当な措置をとるものとし、特に、これらの女子に対して次の権利を確保する。
>
> 　(b) 適当な保健サービス（家族計画に関する情報、カウンセリング及びサービスを含む。）を享受する権利

> 16条1　締約国は、婚姻及び家族関係に係るすべての事項について女子に対する差別を撤廃するためのすべての適当な措置をとるものとし、特に、男女の平等を基礎として次のことを確保する。
>
> 　(e) 子の数及び出産の間隔を自由にかつ責任をもって決定する同一の権利並びにこれらの権利の行使を可能にする情報、教育及び手段を享受する同一の権利

● 妊娠中絶と堕胎罪 ●

　リプロダクティブ・ヘルス／ライツに関わるトピックのうち、日本の法制度について、12条の保健の分野における女性に対する差別として取り上げられる代表例が、刑法の堕胎罪です。日本は第二次大戦後間もなく、優生保護法を制定し、世界で最も早く人口妊娠中絶を合法化した国のひとつであると言われています。しかしこの法律は、法律の名称や制定の歴史から明らかなとおり、ナチスの国民優生法にならった優生思想に基づくものであり、権利としてのリプ

ロダクティブ・ヘルス/ライツを個人に保障するものではありませんでした。カイロ会議に参加した女性の障がい者からの鋭い批判を受け、日本政府は1996（平成8）年に法律の名称を母体保護法と改め、障がい者差別にあたる部分を削除する改正を行いました[3]。

母体保護法は、「妊娠の継続又は分娩が身体的又は経済的理由により母体の健康を著しく害するおそれのある」場合などには、医師が女性と配偶者の同意を得て人工妊娠中絶を行えることを規定していますが、刑法212条は、「妊娠中の女子が薬物を用い、又はその他の方法により、堕胎したときは、一年以下の懲役に処する」と規定しているのです（刑事司法の実際の運用としては、妊娠中絶を行った女性が、自己堕胎罪に問われる事例はいまやほとんどありません）。

しかし、条約12条に関する委員会の一般勧告24号は、女性だけに必要とされる医療処置を刑事罰の対象とする法律や、それらの処置を受けた女性を罰する法律は、「女性が適当な保健サービスを享受する機会を阻む」と指摘し、「可能な場合は、妊娠中絶を刑事罰の対象としている法律を修正し、妊娠中絶を受けた女性に対する懲罰規定を廃止する」ことを勧告しています[4]。また、2009（平成21）年に行われた日本政府定期報告書審査においては、日本の刑法の堕胎罪を廃止すべき旨が勧告されました[5]。

母体保護法については、このほか、中絶に夫の同意を必要としていることが批判されています。中絶について男女の選択が異なった場合は、最終的には妊娠する当事者である女性の意思を優先させるべきであり、これは生物学的差に起因するものであって男女平等原則には反しない、と考えるべきでしょう[6]。委員会の一般勧告21号は、「子の数及び出産の間隔に関して、女性はそれらが身体的及び精神的健康に影響するため、決定権を有する」としています[7]。

なお、1998（平成10）年に行われた自由権規約委員会の日本政府

◇第13章◇リプロダクティブ・ヘルス／ライツ

報告書審査では、総括所見の中で、旧優生保護法下で優生手術を強制された障がいを持つ女性への補償をするための法的措置が勧告されています。ハンセン病の患者に対して行われてきた断種、強制堕胎などがいかに非人道的なものであったかを考えるとき、改めてリプロダクティブ・ヘルス／ライツが人間にとって基本的な人権であることに思いを致さずにいられません。

● ミレニアム開発目標（MDGs）●

2000（平成12）年9月に、ニューヨークにおいて、189の加盟国代表が参加した国連ミレニアム・サミットが開催され、開発に関する国際社会の目標として、2015年までに達成すべき目標が「ミレニアム開発目標」（MDGs）として設定されました（本書第14章参照）。8つの目標の中で特にリプロダクティブ・ヘルス／ライツに関連するものとして、まず妊産婦の健康の改善（妊産婦死亡率の削減や、医師・助産婦の立ち会いによる出産の増加）が挙げられます。MDGs は、2015（平成27）年までに、1990（平成2）年の妊産婦死亡率を75%削減することを目指していますが、2010年9月に発表された数値では、1990（平成2）年から34%しか減少していません（54万6000人が35万8000人になった[8]）。MDGs は「ミニマム開発目標」とも呼ばれるように、すべてが達成されても最低限の生活を保障することにしかなりません。菅首相は2010（平成22）年からの5年間で母子保健を含む国際保健に50億ドルを拠出することを発表していますが、このような先進国のコミットメントを加速する必要があります。

さらに、もうひとつの課題として、性感染症への対策があり、MDGs では15〜24歳の妊婦のHIV感染率を低下させ、避妊具普及率におけるコンドーム使用率を上げるなど、HIV／エイズの蔓延を

食い止め、その後減少させることを目標としています。

ところが、先進国である日本においては、HIV／エイズの感染者数は増加しています[9]。また、性感染症に感染した場合、HIV／エイズに感染するリスクも高まるとされていますが、厚生労働省「年齢（5歳階級）別にみた性感染症（STD）報告数の年次推移」統計によれば、性感染症の報告数は、15歳から19歳でみると、女性の割合が男性よりも高いことが分かります。

委員会の一般勧告24号は、「HIV／エイズ及びその他性感染症の問題は、性に関する健康（セクシュアル・ヘルス）に対する女性及び思春期の少女の権利にとって重要である」とし、「ジェンダーに基づく不均衡な力関係の結果、女性及び思春期の少女は、多くの場合、セックスを拒否したり、安全で責任ある性行為を強く要求することができない」と指摘しています[10]。

また、2009（平成21）年に行われた日本政府報告書審査において、委員会は、日本政府に対し、「近年、HIV／エイズを含む性感染症の日本女性への感染が拡大していることを懸念する」と述べ、「思春期の男女を対象とした性の健康に関する教育を推進すること、及び妊娠中絶に関するものを含め、性の健康に関する情報やあらゆるサービスに対してすべての女性や女児のアクセスを確保すること」を勧告しました[11]。

HIV／エイズを含む性感染症への対策は、ジェンダーに関わる課題であり、特に性感染症に対して脆弱な若年女子への性教育などの情報提供や各種保健サービスの提供は、条約の要請なのです。

● 生殖医療技術・不妊治療の進歩と女性への負担 ●

最後に、「すべてのカップルと個人が自分たちの子どもの数、出産

◇第13章◇ リプロダクティブ・ヘルス／ライツ

間隔、並びに出産する時を責任をもって自由に決定できる権利」と定義されたリプロダクティブ・ライツについて、生殖医療技術の進歩した今日の社会における問題について考えてみましょう。

近時は、生殖医療技術の進歩により、不妊治療のみではなく、出生前診断（子どもが生まれてくる前に、生まれてくる子どもの性や重い障がいの有無などをチェックすること）や、デザイナー・ベビー（体外でいくつかの胚を受精させ、最も望ましい特性をもった胚を母体に戻すこと。2050年くらいには可能になると言われている）など、親の嗜好に沿った子どもを産める可能性が拡大しています。1960年代の避妊用ピルの登場が、性と生殖を切り離し、男女の性的自己決定権に大きな影響を与えたことは疑いがなく、その意味で性的自己決定権と生殖医療は相互に関連していると言えます。しかし、現在進行中の生殖技術の進歩が、どこまで人間の基本的人権の保護・伸長に役立っているのかについては、社会の中でより慎重な議論が必要であると思われます。それはたとえば、代理母や死後生殖を通じて、「母（父）とは誰か」といった根源的な問いを投げかけているからです[12]。

日本の最高裁は、米国で代理出産した日本人女性の子の出生届について、「実親子関係が公益及び子の福祉に深くかかわるものであり、一義的に明確な基準によって一律に決せられるべきであることにかんがみると、現行民法の解釈としては、出生した子を懐胎し出産した女性をその子の母と解さざるを得ず、その子を懐胎、出産していない女性との間には、その女性が卵子を提供した場合であっても、母子関係の成立を認めることはできない」としつつ、代理出産については、「社会一般の倫理的感情を踏まえて、医療法制、親子法制の両面にわたる検討が必要になる」として今後の立法の必要性に触れました[13]。

この問題は、条約の解釈からただちに結論が導き出せる問題ではなく、条約の理念、趣旨を踏まえて、今後、社会的な合意が形成されることが期待されます。

---

(1) UN.Doc.A/CONF.171/13, para.7.2。日本政府訳
(2) UN.Doc.A/CONF.171/13, para.7.3。日本政府訳
(3) 金城清子「性と生殖の健康／権利」吉岡睦子=林陽子編著『実務ジェンダー法講義』(民事法研究会、2007年) 第6章
(4) 金城、31(C)段落。日本弁護士連合会訳
(5) 「最終見解」50項
(6) 金城、前掲注(3)
(7) 21〜23段落
(8) 「アールエイチ・プラス」ジョイセフ (2010年)
(9) 平成22年5月27日厚生労働省エイズ動向委員会「平成21(2009)年 エイズ発生動向年報」
(10) 18段落
(11) 「最終見解」49、50項
(12) 金城、前掲注(3)
(13) 最高裁(二小)平成19年3月23日決定 (民集61巻2号619頁)

◇第14章◇ 平和と女性

前文に宿る精神

> 条約前文　アパルトヘイト、あらゆる形態の人種主義、人種差別、植民地主義、新植民地主義、侵略、外国による占領及び支配並びに内政干渉根絶が男女の権利の完全な享有に不可欠であることを強調し、(……)国際の平和及び安全を強化し、国際緊張を緩和し、(……)全面的かつ完全な軍備縮小を達成(する)

これは女性差別撤廃条約の前文に出てくる言葉です。英米やオーストラリアなどの反対にあいながら挿入されたこれらの文言は、1970年代までの国連(植民地支配から独立したアジア・アフリカ諸国の相次ぐ加盟)の息吹を伝えていると言われます。

女性差別撤廃条約の中で「国際の平和」という言葉が出てくるのは、この前文だけです。前文には法的拘束力がない、と言われています。しかし前文に宿る条約の精神は、この条約全体を理解する上で大切なものです。

戦争と性的暴力──武器としてのレイプ

20世紀は戦争の世紀といわれ、二度の大戦により多くの軍人の生

命が失われたのみならず、「総力戦」としての戦争は非戦闘員である女性や子ども、高齢者の命を犠牲にしました。ギリシャ、ローマの時代から戦争には女性への性的暴力がともない、戦争が終わっても加害者がそのことによる処罰を受けることは稀であり、まるで自然災害のような不可避な現象であるかのように受け止められてきました。

　戦争にはなぜ女性への性的暴力が伴うのでしょうか。国連人権高等弁務官事務所がまとめた報告書は、これを次のように分析しています。戦闘員やその家族に対する拷問・見せしめとして、あるいは女性やその家族がとった行動に対する報復・見せしめとして、性暴力が利用されることがまず挙げられます。また、兵士への褒章（ごほうび）としての占領地などにおける性暴力を軍部が黙認していることもあります。故郷から遠く離れ、安い賃金で十分な食糧もなく徴兵された若い兵士たちにとって、レイプが「報酬」であることがあります。さらに、武力紛争の背後には激しい民族対立や資源の争奪があることが多く、敵のコミュニティに辱めを与え、脅威を感じさせるためのもっとも効果的な手段として、女性に対する性的暴力が利用されています[1]。

現代的な戦争と女性への暴力

　1990年代の旧ユーゴ紛争以降、戦時における性的暴力が大きな問題となっている背景には、「戦争」の持つ性質が変わってきたことも見逃せません。かつて戦争は兵士（戦闘員）の間でたたかわれ、戦争のルールを作るための国際法が発展してきました。しかし、近時の武力紛争は、戦車やミサイルで武装した軍によって戦場で展開されるものだけではなく、小火器を携えた私兵によって街頭や村落で

戦われるものもあり、自分の住んでいる町や村が戦場になった分だけ、女性や少女たちが性暴力にさらされる危険が高まっています。

2011（平成23）年5月現在、国連は世界中で15の平和維持活動（PKO）を展開しています[2]。国連女性開発基金（UNIFEM）の統計によれば、1990年代の旧ユーゴ紛争では、約2万人から5万人の女性が、1994（平成6）年のルワンダ紛争では25万人から50万人の女性が強かんされました[3]。家父長的な社会の中で、女性たちは戦争を生き抜いたとしても、被害を公にすることはできず、沈黙を守り続けてきました。

●「不処罰」をなくす試み──国際刑事法廷 ●

このような現実に直面して、女性たちは「武器としてのレイプ」に反対する運動を世界的に展開するようになりました。戦争や内戦がもたらす社会の荒廃が、貧困や社会不安を増大させ、それが性暴力の温床となっているのみならず、加害者が法の裁きを受けていないこと（impunity 不処罰）が性暴力をなくすことができない大きな原因となっていることを、女性運動は明らかにしました。

戦争は、暴力の被害者を保護すべき司法システムそのものを崩壊させるので、女性たちが被害を相談し、申告し、加害者が訴追されることを著しく困難にさせます。1990年代に、国連安全保障理事会の決議によって、相次いで、旧ユーゴスラビア国際刑事裁判所（ICTY）、ルワンダ国際刑事裁判所（ICTR）が設立されました。これは、武力紛争後の加害者の処罰を加害者の国籍国だけにゆだねず、加害者個人の処罰を国際法廷で行う道を開くものでした。ICTY、ICTRはそれぞれ時期や対象を限った国際法廷でしたが、1998年にローマ外交会議で国際刑事裁判所（ICC）が成立したことによって、

普遍的な管轄権を持つ国際法廷が実現しました。国際刑事裁判所は、ジェノサイド（大量殺戮）罪、戦争犯罪、人道に対する罪、侵略の罪について、個人の刑事責任を追及することを目的としています。国際刑事裁判所規程は、性的奴隷制や強制売淫とともに、強かんを人道に対する罪および戦争犯罪の一形態として明文規定を置きました。さらに、1998（平成10）年にルワンダ国際法廷で出されたアカイェス判決は、強かんはジェノサイド罪にあたる場合があることを認定しました[4]。

● 国内法の改革 ●

このような国際法廷の仕組みとともに、性的暴力を処罰するための法的な枠組みが国際法や各国の法律に求められています。上述の国際刑事裁判所規程は、レイプについて日本の刑法の強かん罪よりも広い範囲の性暴力を含めています[5]。国連は「女性に対する暴力立法ガイドブック」を作成し、各国に対して包括的な立法の制定を求めています[6]。注目すべき動きとしては、欧州評議会が「女性に対する暴力及びドメスティック・バイオレンスを予防しこれと闘うための条約」を採択し、2011（平成23）年5月に署名のために開放したことです[7]。日本の刑法の強かん罪規定の問題点は本書第11章で取り上げていますが、国連ハンドブックや欧州評議会の条約は、性的暴力の新しい定義を提案するのみならず、被害者への支援や、国や第三者の民事責任にも触れており、「不処罰」をなくしていく決意が込められています。

◇第 14 章◇ 平和と女性

安保理決議 1325

　国連安全保障理事会は、2000（平成 12）年に「女性と安全保障決議」と呼ばれる 1325 決議を採択しました[8]。この決議は、武力紛争が女性と男性とでは異なる影響をもたらしていること、紛争解決と平和構築に女性は貢献していること、紛争後の社会の再構築はジェンダー平等を基礎に置くものでなければならないことを指摘しています。その上で、決議は、武力紛争にかかわるあらゆる関係者に、ジェンダーに基づく暴力とくにレイプその他の性的暴力から女性を保護することを求め、すべての国家が戦争犯罪の責任者の不処罰を断ち切り、ジェノサイドや人道に対する罪、性的暴力などの犯罪について、犯罪者を訴追し処罰することを求めています。

決議 1325 の国内行動計画

　安全保障理事会決議 1325 号に基づき、各国はこれを実施するための国内行動計画の策定を進めていますが、日本政府はまだ計画づくりに着手をしていません。

　各国の国内行動計画は、次のような中身を主な柱としています。
・平和構築活動に女性が参画し、人道支援プログラムの中にジェンダーの視点を反映させる
・紛争後の社会の再構築の中で、女性の政策決定への参画を進め、女性の特別のニーズを考慮する
・女性の人権の尊重とくに暴力からの保護について、国が常に意識を高く持って行動する

　2010（平成 22）年に策定された男女共同参画基本計画では「女性の平和への貢献を推進するため…国連安全保障理事会決議 1325 号

…を効果的に実施し、軍縮・紛争地域等における平和構築及び復興開発プロセスへの女性の参画を一層促進する」とされており、これを具体化する政府としての行動が必要です。

● 災害と女性 ●

　安保理決議1325号が主として想定しているのは、武力紛争ですが、壊された社会の再統合は、自然災害後の社会についてもあてはまるものです。2004（平成16）年のインド洋の津波、2008（平成20）年の四川大地震、2009（平成21）年のハイチの大地震、そして2011（平成23）年の東日本大震災など、社会の根幹を揺るがす大きな自然災害が続いています。被災された方々に対しては衷心よりお悔やみを申し上げるとともに、残された者たちは一刻も早い社会の再構築を急がなければなりません。そしてより公正で平等な、人権の尊重される社会を作ることで、震災で亡くなった方々の霊を慰めたいと思います。

　国連では1990年代が「国際防災の10年」とされ、1994（平成6）年には世界会議が横浜で開催されました。日本政府は「防災の10年」において積極的な役割を果たし、2005（平成17）年1月（インド洋津波の3週間後）には国連防災世界会議が神戸で開催され、「兵庫宣言」が採択されました。「兵庫宣言」は、災害による被害とは、自然的および人為的な危害要因が「脆弱性」（社会的・経済的・物理的・環境的に弱い立場にあること）と相互に関連して引き起こされる、という前提に立ち、防災とは予防や緊急対応だけではなく、復旧・復興を含むプロセスである、と述べています[9]。

　その後の世界的な災害科学者の研究によって、災害による被害とは、災害が持つインパクトに被害者の脆弱性をかけ合わせたものであり、女性は、就労や教育、他の土地への移動する自由などで男性

◇第 14 章◇ 平和と女性

よりも不利な立場に置かれていることが多く、災害による被害もより大きなものになっていることが明らかにされています。国際的な潮流としては、工学的な制御（たとえば堤防を作る）だけではなく、社会的な不平等をなくしていくことが、災害に強い社会を作るために必要であることが強調されるようになりました。具体的には、防災計画の作成・決定に女性が参画し、女性・高齢者・子ども・障がい者などを含むすべての住民に配慮した防災訓練や情報伝達の仕組みを作ることが必要です[10]。

第三次男女共同参画基本計画では、「防災における男女共同参画の推進」という項目が設けられ、防災施策の立案、避難場所における安全確保、消防職員、警察官、自衛官等など防災現場で働く人員に女性が十分配置されるよう配慮することとなっています。大震災による被害はあまりに甚大であり、物資も人も不足し、飛散したままのがれきと、放射能の恐怖の中で、被災者の苦難の日々が続いています。どんなに立派な計画があっても、それを実行していくのは政治の力であり、政策決定過程における女性の参画が今ほど求められている時はありません。

---

(1) 国連文書　A/HRC/Sub.1/58/2006
(2) 国連が展開している平和維持活動は以下のとおり（2011 年 5 月現在）。
コンゴ民主共和国、ダルフール、スーダン、コートジボワール、リベリア、西サハラ、ハイチ、東ティモール、インド・パキスタン、アフガニスタン、キプロス、コソボ、レバノン、中東監視（イスラエル）、休戦監視（シリア・イスラエル）
(3) UNIFEM が女性差別撤廃委員会に提供した討議資料 "Outline of issues for inclusion in the General Recommendation on Conflict and Post-Conflict Situations"（2010 年）より。なお UNIFEM は 2011 年 1 月に発足した UN Women に結合された。
(4) アカイェス判決については、稲角光恵「ジェノサイド罪の適用」国際法判例百選

(ジュリスト別冊) 114 頁を参照
(5) 国際刑事裁判所証拠規則 70 は、被害者の真正な同意を与える能力が損なわれているときには、被害者の言動を根拠に性行為の同意を与えたことを推認してはならないこと、被害者の沈黙または無抵抗は、同意を推認する根拠にならないことを規定する。
(6) 国連経済社会局女性の地位向上部著／ヒューマンライツ・ナウ編訳『女性に対する暴力に関する立法ハンドブック』(信山社、2011 年)
(7) 同条約は欧州評議会 (council of Europe) の公式ホームページに全文が掲載されている〈http:www.coe.int/t/dghl/standardsetting/violence〉。
(8) 国連文書番号　S/RES/1325(2000)
(9) 奥脇直也「自然災害と国際協力──兵庫宣言と日本の貢献」ジュリスト 1321 号 (2006 年) 66 頁
(10) 池田恵子「災害と男女共同参画をめぐる国際的潮流」(2011 年 6 月 11 日に日本学術会議主催で開催された「災害・復興と男女共同参画」における講演およびシンポジウム資料)

◇第15章◇ 開発と女性

平等、開発、平和

女性差別撤廃条約は、国連が主導した「女性のための10年（1976年―1985年）」の大きな成果だと言われています。「女性のための10年」のテーマは「平等、開発、平和（equality, development and peace）」であり、西側諸国が主張した男女の平等、「南」の途上国が主張した開発、東側諸国が主張した平和の3つが併記されました。「女性の10年」が始まった当時、developmentは日本では「発展」と訳され、経済の発展が男女平等にとって大事であるとか、あるいは女性の能力「開発」が必要であるといった解説も散見されました。しかし、現在では、女性差別撤廃条約は「開発のツール（道具）」である、という認識が世界各国に共有されるようになりました。地球規模での南北の経済格差や貧困の女性化を解消するためには社会が人間らしく開発されなければならず、そのために条約がどのような役割を果たしているのか、が議論されています。

条約の前文には次のような文章があり、女性の権利の実現と開発との関係が示されています。

> 条約前文　この条約の締約国は（……）窮乏の状況においては、女子が食糧、健康、教育、雇用のための訓練及び機会並びに他の必要とするものを享受する機会が最も少ないことを憂慮し（……）国

の完全な発展、世界の福祉及び理想とする平和は、あらゆる分野において女子が男子と平等の条件で最大限に参加することを必要とすることを確信（する）

開発援助とジェンダー（WIDからGADへ）

　開発援助にジェンダー平等の視点と女性のエンパワーメントが必要であることは、今日、開発援助に携わる人々の共通認識となっています。社会の中にある女性差別をそのままにして経済発展を進めようとすると、開発が女性と男性とで異なる結果をもたらすこともあれば、既存の不平等を拡大することにもなりかねません。現在、世界の貧困人口の6割、非識字人口の3分の2が女性であると言われており、女性が男性よりも過酷な状況におかれていることは明らかです。

　開発援助と女性の関係をめぐっては、1960年代に「開発と女性」（Women in Development）という概念が登場しました。略して「WID」（ウィド）と呼ばれたこの考え方は、先進国の開発援助政策において、発展途上国の女性が開発の担い手であることに留意し、「開発のすべての段階で女性が男性と同様の受益者となるよう配慮して開発を進める」というアプローチを指していました。一見するともっともな考え方ですが、これに対しては、「女性の貢献に対して一定の価値は認めるものの、あくまで開発の手段・資源として女性の労働や知識を利用しようという考えに基づいている」、という批判がありました。またこのアプローチの下では「開発が進まないのは女性に教育（あるいは収入、能力）がないから」とされがちであり、女性差別を温存する制度や社会システムを変えていくことへの

◇第15章◇開発と女性

自覚が乏しい、とも言われてきました。

これを克服すべく 1980 年代に登場した理念が「ジェンダーと開発」(Gender and Development、略して GAD（ガド）と呼ばれる）です。GAD のアプローチは、「対象社会におけるジェンダーや、男女の社会的役割や相互関係を理解し、社会的に不利な立場にいる男女が社会的発言権を獲得して力をつけること（エンパワーメント）を通じて、制度や政策を変革していくような開発を進める」ことであり、北京女性会議（1995（平成 7）年）以降の「ジェンダーの主流化」の流れによりふさわしいものであると言えます[1]。

● 人間の安全保障 ●

日本政府は、「人間の安全保障の推進」を外交政策の柱に据えており、「ジェンダーと開発（GAD）」の視点に立った開発援助もその一環であると考えられています。「人間の安全保障」とは、武力紛争、テロ、犯罪、人権侵害、難民の発生、感染症の蔓延、環境破壊、経済危機、災害といった「恐怖」や、貧困、飢餓、教育・保健医療サービスの欠如などの「欠乏」といった脅威から個人を保護し、またこれらの脅威に対処するための能力を強化することです[2]。それは人権に代表される「権利」だけでもなければ、「開発」に代表される豊かさだけでもなく、心身の安全を指すものです[3]。日本政府は国連に設置した「人間の安全保障基金」を通じて多くの事業に資金援助をしています（たとえば、ブータンにおける女性の識字教育、南アフリカ共和国における「女性に対する暴力」支援センター設立、ボリビアにおける妊産婦死亡への対策など。チェルノブイリの住民への支援策も複数回にわたり実施されています）。

良いことづくめのようにも見えますが、日本の開発援助政策に対

149

しては多くの批判や注文も出されています。2009（平成21）年10月に公表された「国際協力・ODAの抜本的見直しに関する国際協力ＮＧＯの共同宣言[4]」は、ODA基本法を作りODAに法的根拠を与え援助の基本理念を明文化し、国際協力省を設立し、援助の透明性・一貫性を強化すべきであるなどの提言を行っています。人間の安全保障基金の活動についても、それが本当にジェンダー平等に役立っているのか、市民社会の監視が必要です。また、途上国が社会の脆弱性を克服することを援助することが「人間の安全保障」を実現する唯一の方法なのではありません。近年、国際社会では、自国民を保護することのできない国家に対しては、国際社会全体がその人々を「保護する責任」を負うことが議論され、実行されるに至っています。

ミレニアム開発目標（MDGs）

2000（平成12）年9月に国連ミレニアム・サミットは、1990年代に開催された主要な国際会議の声明・決議をまとめ、21世紀における国連の役割をミレニアム開発目標(MDGs)と名付け、2015（平成27）年までに達成すべき目標として次の8つを提示しました。

1　極度の貧困と飢餓の撲滅
2　初等教育の完全普及
3　ジェンダー平等の推進
4　乳幼児死亡率の削減
5　妊産婦の健康の改善
6　HIV／エイズ、マラリア、その他の疾病の蔓延の防止
7　環境の持続可能性の確保
8　開発のためのグローバルなパートナーシップの推進

◇第 15 章◇ 開発と女性

　2015（平成 27）年までにはあと 4 年しか残されておらず、国連統計部は 2010（平成 12）年に事業を実施している国際機関から提供されたデータをもとに、進捗状況を公表しました。これによると、日本の属する東アジアは、比較的多くの項目で「目標達成ずみ」または「2015 年までに目標達成が見込まれる」との評価を受けているものの、「HIV ／エイズの蔓延防止」や「安全な飲料水のない人口の半減」は「現状のままでは達成不可能」とされ、特に「国会における女性議員の割合」は「進展なし、または悪化」という評価を受けています。「国会における女性議員の割合」の評価が「進展なし、または悪化」と評価された地域は全世界で東アジアのみであり、迅速な対応がとられなければなりません（本書第 8 章参照）。

　日本の ODA 支出額は、かつて世界 1 位の時代が続きましたが、長引く不況を背景に、2009 年には約 94.7 億ドル、世界 5 位に後退し、最盛期から 4 割近く削減されました[5]。さらに東日本大震災により、政府は ODA 予算の 1 割カットを決め、予算案に反映しました。震災によって、日本は世界最大の被援助国になりました。この経験の中から、援助される側にとって何が重要かを日本が学び、復興後、世界にその経験を伝えていくことが必要です。

● 「UN Women」の発足

　ミレニアム開発目標を実現するのは、各国政府の予算に裏付けられた実行ですが、高い理想を掲げて各国をリードしていくのは、国連、なかでもジェンダー平等を扱う機関です。

　ジェンダー分野に関わる代表的な国連機関としては、経済社会局内の女性の地位向上部（DAW、在ニューヨーク）がありましたが、人数も予算も極めて限られた部署でした。1975（昭和 50）年の「国

際女性年」以降、いくつかの新しい機関が創設されました。たとえば、ユニフェム（UNIFEM）と呼ばれる国連女性開発基金、インストロー（INSTRAW）と呼ばれる国際女性調査研修所、オサギ（OSAGI）と呼ばれる事務総長特別アドバイザーなどです。

　これらの事務局内外の部署を合計すると50近くの国際機関がジェンダーに関連する事業を行っているといわれ、北京女性会議（1995（平成7）年）の行動綱領の実施に関する支援をしています。しかしそれら全部を併せても、国連予算の中に占めるジェンダー関連予算は全体の3％程度であり、スタッフも合計200名弱の体制であり、世界の女性を貧困から解放しエンパワーするという壮大な目標に照らすといかにも脆弱でした[6]。より強力で一貫したジェンダー機関を国連の中に作るべきだ、という女性運動の要望にこたえ、2010（平成22）年6月の国連総会で新しいジェンダー機関である「UN Women」（正式名称は、「ジェンダー平等及び女性のエンパワメントのための国連組織」）の発足が決議され、2011年1月から活動を開始しました[7]。UN Womenの目的は、国連のジェンダー平等政策を立案すること、及び各加盟国がこれらの政策を実現することを援助することであり、代表には、チリの元大統領であるミシェル・バシェレが就任しました。2010（平成22）年11月には執行理事国の選挙が行われ、日本も初代の理事国のひとつとして選出されました。

　UN Womenにはこれまでの4機関の2倍の予算が割り当てられるとされますが、それでも資金は不足しており、各国の任意拠出金に頼っています。UN Womenは、活動の焦点として、「女性に対する暴力」「平和と安全保障」「リーダーシップと参加」「経済的なエンパワメント」「国内行動計画および予算の立案」「ミレニアム開発目標」を掲げています[8]。包括的な目標であると評価はできるものの、総花的であり、CEDAWとの役割分担も明らかではありません。た

◇第 15 章◇ 開発と女性

とえば CEDAW での、政府報告書審査の報告書の作成、「最終見解」で勧告された内容の実施、フォローアップ手続における実施などに関して、UN Women が各国政府や NGO を支援していくことに対する期待が高まっています。他方で、UN Women を設立した国連総会決議を見ても、使命(マンデート)の中に直接 CEDAW との関連性を示すものはありません。今後、UN Women が普遍的な基準としての女性差別撤廃条約を各国に実施させる活動をいかに展開していくかが、この新ジェンダー機関の成否の鍵となるでしょう。

---

(1) 「WID」と「GAD」の意義については、田中由美子編『開発とジェンダー』(国際協力出版会、2002 年)
(2) 外務省ウェブサイト (http://www.mofa.go.jp の「外交政策」中、「人間の安全保障」)参照
(3) 旦祐介「研究ノート 人間の安全保障——最近の動向」(Human Security, No.6 (2001/2002), 315 頁)
(4) 特定非営利活動法人 国際協力 NGO センター (JANIC) 他の団体により公表された。ヒューマンライツ・ナウのウェブサイト上に掲載中 (2011 年 6 月現在。http://hrn.or.jp「声明・レポート」)。
(5) 外務省ウェブサイト (http://www.mofa.go.jp の「外交政策」中、「ODA」参照)
(6) 野村文月「ジェンダー分野における国連の体制:現状と今後の課題」(財団法人東京財団のウェブサイトに掲載〈http://www.tkfd.or.jp/rsearch/project/news.php?id=315〉)。
(7) 国連文書番号 A/RES/64/289 (2010 年の国連総会決議)
(8) UN Women ウェブサイト (http://unwomen.org)

◇第 16 章◇ 個人通報制度

主要人権条約と個人通報制度

現在、国連には 9 つの主要な人権条約があります（自由権規約、社会権規約、人種差別撤廃条約、女性差別撤廃条約、拷問等禁止条約、子どもの権利条約、移住労働者保護条約、障がい者の権利条約、強制失踪条約）。日本政府はこのうち移住労働者条約と障がい者の権利条約を除く 7 条約を締結しています。

人権条約を締結した国に対してその履行を確保するための制度としてひろく一般に受け入れられているのは、国家の報告書審査制度であり、主要な人権条約のすべてがこの制度を採用しています。これは条約に基づいてとった国内の措置を、条約機関（女性差別撤廃条約の場合は女性差別撤廃委員会。以下この委員会を「CEDAW」といいます）に定期的に報告させ、委員会との間で質疑応答を行い、委員会はそれに基づいて改善のための勧告を出す仕組みであり、「建設的対話」とよばれるプロセスです。

さらに、報告書審査より一歩進んだ制度として、人権侵害の被害者が条約機関に救済を申し立てることができる個人通報制度があります。「通報」と称するのは英語の原文の communication の直訳ですが、条約によっては　申立 (complaint) という表現を用いているところもあります。個人通報制度の立法のあり方としては、条約の中にこの制度を含み、その条文を締約国が受諾をすることで効力

が発生する場合と、条約とは別に議定書を作成しその議定書に参加することで効力が生じる場合とがありますが、女性差別撤廃条約は後者の選択議定書の方式をとっています。

　上述の9つの主要な人権条約のうち、子どもの権利条約を除く8つの条約が個人通報制度を持っていますが、現在、子どもの権利委員会は個人通報制度を策定するための作業が国連で最終段階を迎えていますので、これが実現すればすべての主要人権条約が個人通報制度を持つことになります。9つの人権条約の個人通報制度の批准状況を表にまとめましたが、日本はこれらをひとつも批准していない点で際立った特徴を持っています。

◇ **主要人権条約批准状況** (2011年3月20日現在)

条約名（略称）	条約本体の当事国数	個人通報の当事国数
人種差別撤廃条約（CERD）	173	53
自由権規約（ICCPR）	167	113
社会権規約（ICESR）	160	（署名のみ32、未発効）
拷問禁止条約（CAT）	147	63
女性差別撤廃条約（CEDAW）	186	100
子どもの権利条約（CRC）	193	（選択議定書起草中）
移住労働者条約（ICRMW）	42	2
障がい者の権利条約（CRPD）	99	61
強制失踪条約（ICPPED）	18	0

出所：国連人権高等弁務官事務所(OHCHR)作成の表を、林陽子が和訳。

◇第16章◇ 個人通報制度

● 選択議定書ができるまで ●

　自由権規約や人種差別撤廃条約など多くの人権条約は成立当初から個人通報制度を持っていましたが（ただし、条約本体とは別に、締約国による批准や受諾が必要とされます）、女性差別撤廃条約にはそのような制度がありませんでした。条約を起草した国連女性の地位委員会では、個人通報制度を加えることの検討もなされました。この提案をしたのはスウェーデン、ベルギーなどの欧州諸国でしたが、女性差別はアパルトヘイトや人種差別のような「重大な人権侵害」ではなく、その原因は法的差別であるというよりも社会的・文化的な要因が大きく、したがって事実調査のメカニズムになじまない、といった反論がなされたため、見送られてしまいました。個人通報制度と調査制度（大規模な人権侵害を調査し事実の確認をする制度）をあわせもった選択議定書（⇒巻末資料2）が成立するのは、条約成立後20年目の1999（平成21）年のことです[1]。

　選択議定書成立の直接の契機となったのは、「女性の人権の普遍性」を謳いあげた1993（平成5）年のウィーン世界人権会議です。これは東西の冷戦終結後の最初の大きな人権会議であり、そこでは文化や宗教を口実とした女性への暴力、あるいは武力紛争下での女性に対する性的暴力などに対する女性たちの怒りが噴出しました。会議で採択された宣言および行動計画は、1995（平成7）年の北京女性会議の行動綱領の道しるべとなり、行動綱領は、2000（平成12）年までにすべての国が女性差別撤廃条約を批准することとあわせ、選択議定書策定のための女性の地位委員会の活動を支援することを明確に宣言しました。

個人通報制度
——誰が、どのような場合に申立できるのか

以下では女性差別撤廃条約の個人通報制度の仕組みについて述べます。個人通報は、個人通報制度の締約国の「管轄下にある」個人（法人を含まない）に申し立てる権利があるとされています。ここで「管轄下」とは、締約国と個人との間に侵害されたと主張される権利に関して、一定の利害関係があればよい、とされており、国籍や住民登録などは必要がないと解釈されています。CEDAWの個人通報の先例でも、たとえばオランダに住む中国人の女性がオランダ政府を相手方として個人通報を申し立てたケースなどが現れています。

個人通報が事件として国連事務局に登録されるためにはいくつかの手続的要件（「受理可能性」と呼ばれる）がありますが、次の3点が重要です。

第一に、被害者個人または被害者のために行動する第三者が申立をすることができます（「人的な管轄」と呼ばれる問題です）。第二に、申し立てることができるのは、女性差別撤廃条約に定めた権利の侵害です（「事項的な管轄」と呼ばれる問題です）。第三に、対象となるのは、個人通報制度がその国について効力を生じた日以後の出来事に限られます（「時間的な管轄」と呼ばれる問題です）。ただし、個人通報制度発効以前に生じた出来事であったとしても、その人権侵害が発効後も継続している場合は対象となります。この点については「日本が選択議定書を批准する前に制定された法律が依然として差別的なままで、それによって現に被害をうけている者がいれば、選択議定書が効力を生じた日以後の事態につきその差別性を訴えることは可能となる」との国際法学者による解説があります[2]。

◇第 16 章◇ 個人通報制度

● 個人通報によってどのような救済がなされるのか ●

　以上に述べたような受理可能性をすべて満たしているケースについて、CEDAW が権利侵害があるかどうか（「本案」の有無と呼ばれる）の判断を行います。実際の審理は、書面により締約国の反論も聞いた上で、受理可能性ありとされたものについて「見解」を採択しその中で具体的な「勧告」を行い、当事者（通報者と締約国）に通知をします。ここでなされる「勧告」は、締約国としてとるべき措置を示すものですが、その内容としては、補償（金銭での損害賠償に限らず、政府による公的な謝罪、法曹に対する研修の実施、実行者の訴追などを含む広い概念です）、国内法の改正を通じた再発の防止などがあります。また、緊急の暫定的な措置（最終的な結論を出す前に、取り急ぎ侵害の拡大を予防するために締約国へ要請をすること）がなされる場合があります。

● 申し立てられたケースから ●

　女性差別撤廃条約の選択議定書は 2009（平成 21）年に成立 10 周年を祝いました。2011（平成 23）年 5 月現在、CEDAW が受理し登録をした個人通報は 29 件のみであり、そのうち手続的要件を満たして本案の審理に入ったものは 6 件にすぎず、さらにそのうち「権利侵害あり」とされたものが 5 件、「権利侵害なし」とされたものが 1 件です。権利侵害ありとされた 5 件のうち 3 件はドメスティック・バイオレンスの事件です。国の法制度が未整備であり、また警察官・検察官に対するジェンダー教育の不十分さから、女性たちが夫から殺害されるといった事態に対して、CEDAW は締約国には被害を予防し加害者を処罰する「相当な注意義務」があるとして、国

の責任を認めています。権利侵害ありとされたケースでは、締約国に対して、法令の改正、再発防止の措置、被害者への損害賠償の支払い、法執行関係者に対する研修などの措置を勧告しています。「権利侵害あり」とされた残り2件もリプロダクティブ・ヘルス／ライツに関するケース、強かん罪における裁判官のジェンダー・バイアスが問題とされたケース（本書第11章で紹介したフィリピンの強かん裁判のケース）であり、国際人権メカニズムの中でのCEDAWの特徴が良く表れています。他方で、「権利侵害なし」とされたケースを見ると、国内での救済手段を尽くしていないとされている例が多く、中には国内で法的手続をとっていても、そこで女性差別撤廃条約違反の主張を提出していないことが問題とされ、受理可能性なしとされたものもあります。近い将来、個人通報制度の受諾が予想される日本においてこの制度を活用するためには、国内訴訟の段階で条約違反の主張を明確に出しておくことが重要であり、人権条約を法律家が学んでいくことが強く求められます[3]。

● 委員会の見解の効力とフォローアップ ●

ではこのようなCEDAWからの勧告にどのような法的効果があるのか、が次の問題です。

選択議定書には、「締約国は委員会の勧告に十分な考慮を払う」ことのみが規定されています（選択議定書7条4項）。この点で、欧州人権裁判所条約の判決が、締約国に対して法的拘束力を持つことを条約によって明示している点とは大きく異なっています。

CEDAWの見解・勧告は、国際約束としての条約ではないので、法的拘束力がないとするのが通説です。しかし、これらは、条約によって設置された規約の解釈の責務を負う機関による決定を表すも

のであり、締約国は条約を批准したことによってその内容を実施することを約束したのですから、委員会の見解に誠実に応答する義務があります。また条約を解釈する権限が締結国にあるとしても、その解釈は条約機関であるCEDAWの了解を得られるものでなければなりません[4]。

見解・勧告の採択後、委員会はフォローアップと呼ばれる、追加情報の提出を当事国に求める手続を開始します。具体的には6カ月ごとに、勧告に関して締約国がとった措置について、締約国と協議を進めていくことになります。これまでにCEDAWからDV法に関して勧告を出された2つの国（ハンガリーとオーストリア）はいずれも誠実にCEDAWとの協議に応じ、国内法の改正などの措置をとっています。強かん罪の改正を勧告されたフィリピンからは、2011（平成23）年5月現在、回答を待っているところです。

選択議定書受諾に向けて

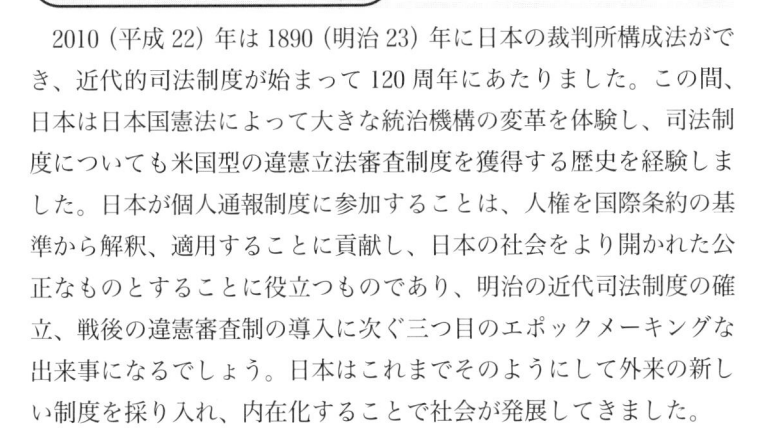

2010（平成22）年は1890（明治23）年に日本の裁判所構成法ができ、近代的司法制度が始まって120周年にあたりました。この間、日本は日本国憲法によって大きな統治機構の変革を体験し、司法制度についても米国型の違憲立法審査制度を獲得する歴史を経験しました。日本が個人通報制度に参加することは、人権を国際条約の基準から解釈、適用することに貢献し、日本の社会をより開かれた公正なものとすることに役立つものであり、明治の近代司法制度の確立、戦後の違憲審査制の導入に次ぐ三つ目のエポックメーキングな出来事になるでしょう。日本はこれまでそのようにして外来の新しい制度を採り入れ、内在化することで社会が発展してきました。

外務省は2010（平成22）年5月、人権条約履行室を人権人道課内

に発足させ、4つの人権条約（自由権規約、拷問禁止条約、人種差別撤廃条約、女性差別撤廃条約）の個人通報制度批准のための検討作業に入りました。東日本大震災後に構築される社会は、旧い日本の再興ではなく、より世界に開かれた豊かな社会であるべきだと多くの人が願っており、個人通報制度への参加はそのために必要です。

---

(1) 山下泰子「女性差別撤廃条約採択後の国際人権の展開」（ジュリスト1237号（2003年）41頁）。ヒラリー・チャールズワース、クリスティン・チンキン（阿部浩己監訳）『フェミニズム国際法：国際法の境界を問い直す』（尚学社、2004年）269頁
(2) 阿部浩己他『テキストブック国際人権法（第3版）』（日本評論社、2009年）141頁
(3) 林陽子「女性差別撤廃条約個人通報制度の現段階」（ジェンダーと法 vol.6（2009年）、98頁）
(4) 本書第1章参照

〈資　料〉

資料１：女子に対するあらゆる形態の差別の撤廃に関する条約

【前　文】

　この条約の締約国は、

　国際連合憲章が基本的人権、人間の尊厳及び価値並びに男女の権利の平等に関する信念を改めて確認していることに留意し、

　世界人権宣言が、差別は容認することができないものであるとの原則を確認していること、並びにすべての人間は生まれながらにして自由であり、かつ、尊厳及び権利について平等であること並びにすべての人は性による差別その他のいかなる差別もなしに同宣言に掲げるすべての権利及び自由を享有することができることを宣明していることに留意し、

　人権に関する国際規約の締約国がすべての経済的、社会的、文化的、市民的及び政治的権利の享有について男女に平等の権利を確保する義務を負っていることに留意し、

　国際連合及び専門機関の主催の下に各国が締結した男女の権利の平等を促進するための国際条約を考慮し、

　更に、国際連合及び専門機関が採択した男女の権利の平等を促進するための決議、宣言及び勧告に留意し、

　しかしながら、これらの種々の文書にもかかわらず女子に対する差別が依然として広範に存在していることを憂慮し、

　女子に対する差別は、権利の平等の原則及び人間の尊厳の尊重の原則に反するものであり、女子が男子と平等の条件で自国の政治的、社会的、経済的及び文化的活動に参加する上で障害となるものであり、社会及び家族の繁栄の増進を阻害するものであり、また、女子の潜在能力を自国及び人類に役立てるために完全に開発することを一層困難にするものであることを想起し、

　窮乏の状況においては、女子が食糧、健康、教育、雇用のための訓練及び機会並びに他の必要とするものを享受する機会が最も少ないことを憂慮し、

　衡平及び正義に基づく新たな国際経済秩序の確立が男女の平等の促進に大きく貢献することを確信し、

　アパルトヘイト、あらゆる形態の人種主義、人種差別、植民地主義、新植民

地主義、侵略、外国による占領及び支配並びに内政干渉の根絶が男女の権利の完全な享有に不可欠であることを強調し、

国際の平和及び安全を強化し、国際緊張を緩和し、すべての国（社会体制及び経済体制のいかんを問わない。）の間で相互に協力し、全面的かつ完全な軍備縮小を達成し、特に厳重かつ効果的な国際管理の下での核軍備の縮小を達成し、諸国間の関係における正義、平等及び互恵の原則を確認し、外国の支配の下、植民地支配の下又は外国の占領の下にある人民の自決の権利及び人民の独立の権利を実現し並びに国の主権及び領土保全を尊重することが、社会の進歩及び発展を促進し、ひいては、男女の完全な平等の達成に貢献することを確認し、

国の完全な発展、世界の福祉及び理想とする平和は、あらゆる分野において女子が男子と平等の条件で最大限に参加することを必要としていることを確信し、

家族の福祉及び社会の発展に対する従来完全には認められていなかつた女子の大きな貢献、母性の社会的重要性並びに家庭及び子の養育における両親の役割に留意し、また、出産における女子の役割が差別の根拠となるべきではなく、子の養育には男女及び社会全体が共に責任を負うことが必要であることを認識し、

社会及び家庭における男子の伝統的役割を女子の役割とともに変更することが男女の完全な平等の達成に必要であることを認識し、

女子に対する差別の撤廃に関する宣言に掲げられている諸原則を実施すること及びこのために女子に対するあらゆる形態の差別を撤廃するための必要な措置をとることを決意して、

次のとおり協定した。

◇ 第1部

第1条 この条約の適用上、「女子に対する差別」とは、性に基づく区別、排除又は制限であつて、政治的、経済的、社会的、文化的、市民的その他のいかなる分野においても、女子（婚姻をしているかいないかを問わない。）が男女の平等を基礎として人権及び基本的自由を認識し、享有し又は行使することを害し又は無効にする効果又は目的を有するものをいう。

第2条 締約国は、女子に対するあらゆる形態の差別を非難し、女子に対する差別を撤廃する政策をすべての適当な手段により、かつ、遅滞なく追求することに合意し、及びこのため次のことを約束する。

(a) 男女の平等の原則が自国の憲法その他の適当な法令に組み入れられていない場合にはこれを定め、かつ、男女の平等の原則の実際的な実現を法律その他の適当な手段により確保すること。

(b) 女子に対するすべての差別を禁止する適当な立法その他の措置（適当

◆ 資料１：女子に対するあらゆる形態の差別の撤廃に関する条約

　　な場合には制裁を含む。）をとること。
　(c) 女子の権利の法的な保護を男子との平等を基礎として確立し、かつ、権限のある自国の裁判所その他の公の機関を通じて差別となるいかなる行為からも女子を効果的に保護することを確保すること。
　(d) 女子に対する差別となるいかなる行為又は慣行も差し控え、かつ、公の当局及び機関がこの義務に従つて行動することを確保すること。
　(e) 個人、団体又は企業による女子に対する差別を撤廃するためのすべての適当な措置をとること。
　(f) 女子に対する差別となる既存の法律、規則、慣習及び慣行を修正し又は廃止するためのすべての適当な措置（立法を含む。）をとること。
　(g) 女子に対する差別となる自国のすべての刑罰規定を廃止すること。
第3条　締約国は、あらゆる分野、特に、政治的、社会的、経済的及び文化的分野において、女子に対して男子との平等を基礎として人権及び基本的自由を行使し及び享有することを保障することを目的として、女子の完全な能力開発及び向上を確保するためのすべての適当な措置（立法を含む。）をとる。
第4条　１　締約国が男女の事実上の平等を促進することを目的とする暫定的な特別措置をとることは、この条約に定義する差別と解してはならない。ただし、その結果としていかなる意味においても不平等な又は別個の基準を維持し続けることとなつてはならず、これらの措置は、機会及び待遇の平等の目的が達成された時に廃止されなければならない。
　　２　締約国が母性を保護することを目的とする特別措置（この条約に規定する措置を含む。）をとることは、差別と解してはならない。
第5条　締約国は、次の目的のためのすべての適当な措置をとる。
　(a) 両性のいずれかの劣等性若しくは優越性の観念又は男女の定型化された役割に基づく偏見及び慣習その他あらゆる慣行の撤廃を実現するため、男女の社会的及び文化的な行動様式を修正すること。
　(b) 家庭についての教育に、社会的機能としての母性についての適正な理解並びに子の養育及び発育における男女の共同責任についての認識を含めることを確保すること。あらゆる場合において、子の利益は最初に考慮するものとする。
第6条　締約国は、あらゆる形態の女子の売買及び女子の売春からの搾取を禁止するためのすべての適当な措置（立法を含む。）をとる。

◇ **第2部**
第7条　締約国は、自国の政治的及び公的活動における女子に対する差別を撤廃するためのすべての適当な措置をとるものとし、特に、女子に対して

男子と平等の条件で次の権利を確保する。
　(a) あらゆる選挙及び国民投票において投票する権利並びにすべての公選による機関に選挙される資格を有する権利
　(b) 政府の政策の策定及び実施に参加する権利並びに政府のすべての段階において公職に就き及びすべての公務を遂行する権利
　(c) 自国の公的又は政治的活動に関係のある非政府機関及び非政府団体に参加する権利
第8条　締約国は、国際的に自国政府を代表し及び国際機関の活動に参加する機会を、女子に対して男子と平等の条件でかついかなる差別もなく確保するためのすべての適当な措置をとる。
第9条　1　締約国は、国籍の取得、変更及び保持に関し、女子に対して男子と平等の権利を与える。締約国は、特に、外国人との婚姻又は婚姻中の夫の国籍の変更が、動的に妻の国籍を変更し、妻を無国籍にし又は夫の国籍を妻に強制することとならないことを確保する。
　2　締約国は、子の国籍に関し、女子に対して男子と平等の権利を与える。

◇第3部
第10条　締約国は、教育の分野において、女子に対して男子と平等の権利を確保することを目的として、特に、男女の平等を基礎として次のことを確保することを目的として、女子に対する差別を撤廃するためのすべての適当な措置をとる。
　(a) 農村及び都市のあらゆる種類の教育施設における職業指導、修学の機会及び資格証書の取得のための同一の条件。このような平等は、就学前教育、普通教育、技術教育、専門教育及び高等技術教育並びにあらゆる種類の職業訓練において確保されなければならない。
　(b) 同一の教育課程、同一の試験、同一の水準の資格を有する教育職員並びに同一の質の学校施設及び設備を享受する機会
　(c) すべての段階及びあらゆる形態の教育における男女の役割についての定型化された概念の撤廃を、この目的の達成を助長する男女共学その他の種類の教育を奨励することにより、また、特に、教材用図書及び指導計画を改訂すること並びに指導方法を調整することにより行うこと。
　(d) 奨学金その他の修学援助を享受する同一の機会
　(e) 継続教育計画（成人向けの及び実用的な識字計画を含む。）、特に、男女間に存在する教育上の格差をできる限り早期に減少させることを目的とした継続教育計画を利用する同一の機会
　(f) 女子の中途退学率を減少させること及び早期に退学した女子のための計画を策定すること。

◆ 資料１：女子に対するあらゆる形態の差別の撤廃に関する条約

(g) スポーツ及び体育に積極的に参加する同一の機会
(h) 家族の健康及び福祉の確保に役立つ特定の教育的情報（家族計画に関する情報及び助言を含む。）を享受する機会

第11条　1　締約国は、男女の平等を基礎として同一の権利、特に次の権利を確保することを目的として、雇用の分野における女子に対する差別を撤廃するためのすべての適当な措置をとる。
(a) すべての人間の奪い得ない権利としての労働の権利
(b) 同一の雇用機会（雇用に関する同一の選考基準の適用を含む。）についての権利
(c) 職業を自由に選択する権利、昇進、雇用の保障ならびに労働に係るすべての給付及び条件についての権利並びに職業訓練及び再訓練（見習、上級職業訓練及び継続的訓練を含む。）を受ける権利
(d) 同一価値の労働についての同一報酬（手当を含む。）及び同一待遇についての権利並びに労働の質の評価に関する取扱いの平等についての権利
(e) 社会保障（特に、退職、失業、傷病、障害、老齢その他の労働不能の場合における社会保障）についての権利及び有給休暇についての権利
(f) 作業条件に係る健康の保護及び安全（生殖機能の保護を含む。）についての権利

2　締約国は、婚姻又は母性を理由とする女子に対する差別を防止し、かつ、女子に対して実効的な労働の権利を確保するため、次のことを目的とする適当な措置をとる。
(a) 妊娠又は母性休暇を理由とする解雇及び婚姻をしているかいないかに基づく差別的解雇を制裁を課して禁止すること。
(b) 給料又はこれに準ずる社会的給付を伴い、かつ、従前の雇用関係、先任及び社会保障上の利益の喪失を伴わない母性休暇を導入すること。
(c) 親が家庭責任と職業上の責務及び社会的活動への参加とを両立させることを可能とするために必要な補助的な社会的サービスの提供を、特に保育施設網の設置及び充実を促進することにより奨励すること。
(d) 妊娠中の女子に有害であることが証明されている種類の作業においては、当該女子に対して特別の保護を与えること。

3　この条に規定する事項に関する保護法令は、科学上及び技術上の知識に基づき定期的に検討するものとし、必要に応じて、修正し、廃止し、又はその適用を拡大する。

第12条　1　締約国は、男女の平等を基礎として保健サービス（家族計画に関連するものを含む。）を享受する機会を確保することを目的として、保健の分野における女子に対する差別を撤廃するためのすべての適当な措置をとる。

2 1の規定にかかわらず、締約国は、女子に対し、妊娠、分娩及び産後の期間中の適当なサービス（必要な場合には無料にする。）並びに妊娠及び授乳の期間中の適当な栄養を確保する。

第13条　締約国は、男女の平等を基礎として同一の権利、特に次の権利を確保することを目的として、他の経済的及び社会的活動の分野における女子に対する差別を撤廃するためのすべての適当な措置をとる。

(a) 家族給付についての権利

(b) 銀行貸付け、抵当その他の形態の金融上の信用についての権利

(c) レクリエーション、スポーツ及びあらゆる側面における文化的活動に参加する権利

第14条　1　締約国は、農村の女子が直面する特別の問題及び家族の経済的生存のために果たしている重要な役割（貨幣化されていない経済の部門における労働を含む。）を考慮に入れるものとし、農村の女子に対するこの条約の適用を確保するためのすべての適当な措置をとる。

2　締約国は、男女の平等を基礎として農村の女子が農村の開発に参加すること及びその開発から生ずる利益を受けることを確保することを目的として、農村の女子に対する差別を撤廃するためのすべての適当な措置をとるものとし、特に、これらの女子に対して次の権利を確保する。

(a) すべての段階における開発計画の作成及び実施に参加する権利

(b) 適当な保健サービス（家族計画に関する情報、カウンセリング及びサービスを含む。）を享受する権利

(c) 社会保障制度から直接に利益を享受する権利

(d) 技術的な能力を高めるために、あらゆる種類（正規であるかないかを問わない。）の訓練及び教育（実用的な識字に関するものを含む。）並びに、特に、すべての地域サービス及び普及サービスからの利益を享受する権利

(e) 経済分野における平等な機会を雇用又は自営を通じて得るために、自助的集団及び協同組合を組織する権利

(f) あらゆる地域活動に参加する権利

(g) 農業信用及び貸付け、流通機構並びに適当な技術を利用する権利並びに土地及び農地の改革並びに入植計画において平等な待遇を享受する権利

(h) 適当な生活条件（特に、住居、衛生、電力及び水の供給、運輸並びに通信に関する条件）を享受する権利

◇第4部

第15条　1　締約国は、女子に対し、法律の前の男子との平等を認める。

◈ 資料1：女子に対するあらゆる形態の差別の撤廃に関する条約

2 締約国は、女子に対し、民事に関して男子と同一の法的能力を与えるものとし、また、この能力を行使する同一の機会を与える。特に、締約国は、契約を締結し及び財産を管理することにつき女子に対して男子と平等の権利を与えるものとし、裁判所における手続のすべての段階において女子を男子と平等に取り扱う。
3 締約国は、女子の法的能力を制限するような法的効果を有するすべての契約及び他のすべての私的文書（種類のいかんを問わない。）を無効とすることに同意する。
4 締約国は、個人の移動並びに居所及び住所の選択の自由に関する法律において男女に同一の権利を与える。

第16条 1 締約国は、婚姻及び家族関係に係るすべての事項について女子に対する差別を撤廃するためのすべての適当な措置をとるものとし、特に、男女の平等を基礎として次のことを確保する。
(a) 婚姻をする同一の権利
(b) 自由に配偶者を選択し及び自由かつ完全な合意のみにより婚姻をする同一の権利
(c) 婚姻中及び婚姻の解消の際の同一の権利及び責任
(d) 子に関する事項についての親（婚姻をしているかいないかを問わない。）としての同一の権利及び責任。あらゆる場合において、子の利益は至上である。
(e) 子の数及び出産の間隔を自由にかつ責任をもって決定する同一の権利並びにこれらの権利の行使を可能にする情報、教育及び手段を享受する同一の権利
(f) 子の後見及び養子縁組又は国内法令にこれらに類する制度が存在する場合にはその制度に係る同一の権利及び責任。あらゆる場合において、子の利益は至上である。
(g) 夫及び妻の同一の個人的権利（姓及び職業を選択する権利を含む。）
(h) 無償であるか有償であるかを問わず、財産を所有し、取得し、運用し、管理し、利用し及び処分することに関する配偶者双方の同一の権利
2 児童の婚約及び婚姻は、法的効果を有しないものとし、また、婚姻最低年齢を定め及び公の登録所への婚姻の登録を義務付けるためのすべての必要な措置（立法を含む。）がとられなければならない。

◇ **第5部**
第17条 1 この条約の実施に関する進捗状況を検討するために、女子に対する差別の撤廃に関する委員会（以下「委員会」という。）を設置する。委員会は、この条約の効力発生の時は十八人の、三十五番目の締約国による

批准又は加入の後は二十三人の徳望が高く、かつ、この条約が対象とする分野において十分な能力を有する専門家で構成する。委員は、締約国の国民の中から締約国により選出されるものとし、個人の資格で職務を遂行する。その選出に当たっては、委員の配分が地理的に衡平に行われること並びに異なる文明形態及び主要な法体系が代表されることを考慮に入れる。
2 委員会の委員は、締約国により指名された者の名簿の中から秘密投票により選出される。各締約国は、自国民の中から一人を指名することができる。
3 委員会の委員の最初の選挙は、この条約の効力発生の日の後六箇月を経過した時に行う。国際連合事務総長は、委員会の委員の選挙の日の遅くとも三箇月前までに、締約国に対し、自国が指名する者の氏名を二箇月以内に提出するよう書簡で要請する。同事務総長は、指名された者のアルファベット順による名簿（これらの者を指名した締約国名を表示した名簿とする。）を作成し、締約国に送付する。
4 委員会の委員の選挙は、国際連合事務総長により国際連合本部に招集される締約国の会合において行う。この会合は、締約国の三分の二をもって定足数とする。この会合においては、出席しかつ投票する締約国の代表によって投じられた票の最多数で、かつ、過半数の票を得て指名された者をもって委員会に選出された委員とする。
5 委員会の委員は、四年の任期で選出される。ただし、最初の選挙において選出された委員のうち九人の委員の任期は、二年で終了するものとし、これらの九人の委員は、最初の選挙の後直ちに、委員会の委員長によりくじ引きで選ばれる。
6 委員会の五人の追加的な委員の選挙は、三十五番目の批准又は加入の後、2から4までの規定に従って行う。この時に選出された追加的な委員のうち二人の委員の任期は、二年で終了するものとし、これらの二人の委員は、委員会の委員長によりくじ引で選ばれる。
7 締約国は、自国の専門家が委員会の委員としての職務を遂行することができなくなった場合には、その空席を補充するため、委員会の承認を条件として自国民の中から他の専門家を任命する。
8 委員会の委員は、国際連合総会が委員会の任務の重要性を考慮して決定する条件に従い、同総会の承認を得て、国際連合の財源から報酬を受ける。
9 国際連合事務総長は、委員会がこの条約に定める任務を効果的に遂行するために必要な職員及び便益を提供する。

第18条 1 締約国は、次の場合に、この条約の実施のためにとった立法上、司法上、行政上その他の措置及びこれらの措置によりもたらされた進歩に

◆ 資料1：女子に対するあらゆる形態の差別の撤廃に関する条約

関する報告を、委員会による検討のため、国際連合事務総長に提出することを約束する。
(a) 当該締約国についてこの条約が効力を生ずる時から一年以内
(b) その後は少なくとも四年ごと、更には委員会が要請するとき。
 2 報告には、この条約に基づく義務の履行の程度に影響を及ぼす要因及び障害を記載することができる。
第19条 1 委員会は、手続規則を採択する。
 2 委員会は、役員を二年の任期で選出する。
第20条 1 委員会は、第十八条の規定により提出される報告を検討するために原則として毎年二週間を超えない期間会合する。
 2 委員会の会合は、原則として、国際連合本部又は委員会が決定する他の適当な場所において開催する。
第21条 1 委員会は、その活動につき経済社会理事会を通じて毎年国際連合総会に報告するものとし、また、締約国から得た報告及び情報の検討に基づく提案及び一般的な性格を有する勧告を行うことができる。これらの提案及び一般的な性格を有する勧告は、締約国から意見がある場合にはその意見とともに、委員会の報告に記載する。
 2 国際連合事務総長は、委員会の報告を、情報用として、婦人の地位委員会に送付する。
第22条 専門機関は、その任務の範囲内にある事項に関するこの条約の規定の実施についての検討に際し、代表を出す権利を有する。委員会は、専門機関に対し、その任務の範囲内にある事項に関するこの条約の実施について報告を提出するよう要請することができる。

◇ 第6部
第23条 この条約のいかなる規定も、次のものに含まれる規定であって男女の平等の達成に一層貢献するものに影響を及ぼすものではない。
(a) 締約国の法令
(b) 締約国について効力を有する他の国際条約又は国際協定
第24条 締約国は、自国においてこの条約の認める権利の完全な実現を達成するためのすべての必要な措置をとることを約束する。
第25条 1 この条約は、すべての国による署名のために開放しておく。
 2 国際連合事務総長は、この条約の寄託者として指定される。
 3 この条約は、批准されなければならない。批准書は、国際連合事務総長に寄託する。
 4 この条約は、すべての国による加入のために開放しておく。加入は、加入書を国際連合事務総長に寄託することによって行う。

第 26 条　1　いずれの締約国も、国際連合事務総長にあてた書面による通告により、いつでもこの条約の改正を要請することができる。
　2　国際連合総会は、1の要請に関してとるべき措置があるときは、その措置を決定する。
第 27 条　1　この条約は、20番目の批准書又は加入書が国際連合事務総長に寄託された日の後30日目の日に効力を生ずる。
　2　この条約は、20番目の批准書又は加入書が寄託された後に批准し又は加入する国については、その批准書又は加入書が寄託された日の後30日目の日に効力を生ずる。
第 28 条　1　国際連合事務総長は、批准又は加入の際に行われた留保の書面を受領し、かつ、すべての国に送付する。
　2　この条約の趣旨及び目的と両立しない留保は、認められない。
　3　留保は、国際連合事務総長にあてた通告によりいつでも撤回することができるものとし、同事務総長は、その撤回をすべての国に通報する。このようにして通報された通告は、受領された日に効力を生ずる。
第 29 条　1　この条約の解釈又は適用に関する締約国間の紛争で交渉によって解決されないものは、いずれかの紛争当事国の要請により、仲裁に付される。仲裁の要請の日から6箇月以内に仲裁の組織について紛争当事国が合意に達しない場合には、いずれの紛争当事国も、国際司法裁判所規程に従って国際司法裁判所に紛争を付託することができる。
　2　各締約国は、この条約の署名若しくは批准又はこの条約への加入の際に、1の規定に拘束されない旨を宣言することができる。他の締約国は、そのような留保を付した締約国との関係において1の規定に拘束されない。
　3　2の規定に基づいて留保を付した締約国は、国際連合事務総長にあてた通告により、いつでもその留保を撤回することができる。
第 30 条　この条約は、アラビア語、中国語、英語、フランス語、ロシア語及びスペイン語をひとしく正文とし、国際連合事務総長に寄託する。

以上の証拠として、下名は、正当に委任を受けてこの条約に署名した。

(外務省ホームページより)

資料2：女子に対するあらゆる形態の差別の撤廃に関する条約選択議定書

【前　文】

この議定書の締約国は、

国際連合憲章が基本的人権、人間の尊厳および価値ならびに男女の権利の平等に関する信念をあらためて確認していることに留意し、

世界人権宣言が、すべての人間は生まれながらにして自由であり、かつ、尊厳および権利について平等であることならびにすべての人は性による差別その他のいかなる差別もなしに同宣言に掲げるすべての権利および自由を享有することができることを宣明していることにも留意し、

国際人権規約その他の国際人権文書が性による差別を禁止していることを想起し、

女子に対するあらゆる形態の差別の撤廃に関する条約（以下「条約」という。）において、その締約国が女子に対するあらゆる形態の差別を非難し、かつ、女子に対する差別を撤廃する政策をすべての適当な手段により、遅滞なく追求することに合意していることも想起し、

すべての人権および基本的自由を女子が完全かつ平等に享有することを確保しならびにこれらの権利および自由の侵害を防止するための効果的な行動をとる締約国の決意をあらためて確認し、

次のとおり協定した。

第1条　この議定書の締約国（以下「締約国」という。）は、女子に対する差別の撤廃に関する委員会（以下「委員会」という。）が第2条の規定に従って提出される通報を受理し検討する権限を認める。

第2条　通報は、締約国の管轄の下にある個人または集団であって、条約に定めるいずれかの権利の侵害の被害者であると主張する者またはそれらの者のために行動する者が、提出することができる。通報が個人または集団のために提出される場合には、当該通報は、通報者が個人または集団の同意なしにそれらの者のために行動することを正当化できる場合を除くほか、当該個人または集団の同意がなければならない。

第3条　通報は、書面によらなければならず、かつ、匿名であってはならない。委員会は、条約の締約国であってこの議定書の締約国ではないものに関する

いかなる通報も、受理してはならない。
第4条　1　委員会は、利用しうるすべての国内救済措置を尽したことを確認しない限り、通報を検討してはならない。ただし、救済措置の適用が不当に遅延した場合または効果的な救済をもたらす見込みがない場合は、この限りでない。
　2　委員会は、次の場合には、通報を受理できないと宣言する。
(a) 同一の事案が、委員会ですでに審議されたかまたは他の国際的調査もしくは解決の手続に基づいて審議されたかもしくは審議されていない場合
(b) 通報が条約の規定に反する場合
(c) 通報が明白に根拠を欠いているかまたは十分に立証されていない場合
(d) 通報が通報を提出する権利の濫用である場合
(e) 通報の対象となる事実が、関係締約国についてこの議定書が効力を生ずる前に生じた場合。ただし、当該事実が効力発生の日以降も継続している場合は、この限りでない。
第5条　1　委員会は、通報の受理の後であって本案の決定までいつでも、関係締約国に対し、主張されている違反の被害者に生ずる可能性のある回復不能な損害を避けるために必要となりうる暫定措置を当該締約国がとるよう求める要請を、当該国の緊急の考慮を促すために送付することができる。
　2　委員会が1の規定に基づき裁量権を行使する場合は、通報の受理可能性または本案についての決定を意味するものではない。
第6条　1　委員会は、通報が関係締約国に照会することなく受理できないと考える場合を除き、個人がその身分を当該締約国に明らかにすることに同意する場合には、この議定書に基づいて提出された通報を内密に関係締約国に通知する。
　2　通知を受領した締約国は、6箇月以内に、問題を明らかにし、かつ、当該締約国によってとられた救済措置がある場合には、それを明らかにする説明書または声明書を委員会に提出する。
第7条　1　委員会は、個人もしくは集団によりまたはそれらの者のためにおよび関係締約国により委員会の利用に供されたすべての情報に照らして、この議定書に基づいて受理した通報を検討する。ただし、この情報が関係当事者に送付されることを条件とする。
　2　委員会は、この議定書に基づいて通報を審議する場合には、非公開の会合を開く。
　3　委員会は、通報を審議した後、通報に関する委員会の見解を、勧告がある場合にはその勧告とともに、関係当事者に送付する。
　4　締約国は、委員会の見解および勧告がある場合にはその勧告に十分な考慮を払い、かつ、6箇月以内に、委員会に対し、委員会の見解および勧告

◆ 資料2：女子に対するあらゆる形態の差別の撤廃に関する条約選択議定書

に照らしてとった措置に関する情報を含む書面の回答を送付する。
 5 委員会は、委員会が適当と考える措置を含め、委員会の見解および勧告がある場合にはその勧告に応じて締約国がとった措置に関する追加的情報を、条約第18条の規定に基づく締約国のその後の報告書により提出するよう要請することができる。
第8条 1 委員会は、締約国が条約に定める権利の重大なまたは組織的な侵害を行っていることを示す信頼できる情報を受理した場合には、当該締約国に対し、当該情報の審議に協力し、かつ、このために当該情報に関する所見を提出するよう要請する。
 2 委員会は、関係締約国が提出するすべての所見および利用可能な他の信頼できる情報を考慮し、調査を行い、かつ、緊急に委員会に報告させるため、1またはそれ以上の委員を指名することができる。正当な根拠があり、かつ、当該締約国の同意がある場合には、調査には当該国領域への訪問を含めることができる。
 3 委員会は、2の調査結果を検討した後、当該調査結果を意見および勧告とともに関係締約国に送付する。
 4 関係締約国は、委員会が送付した調査結果、意見および勧告を受領してから6箇月以内に、所見を委員会に提出する。
 5 調査は内密に実施し、および当該手続のすべての段階において当該締結国の協力を求めなければならない。
第9条 1 委員会は、この議定書の第8条の規定に基づいて行われる調査に応じて関係締約国がとった措置の詳細を条約第18条の規定により当該国の報告書の中に含めるよう、締約国に要請することができる。
 2 委員会は、必要と認める場合には、第8条4の規定に定める6箇月の期間の終了の後に、当該調査に応じてとった措置を委員会に通知するよう関係締約国に要請することができる。
第10条 1 各締約国は、この議定書の署名もしくは批准またはこの議定書への加入の際に、第8条および第9条に規定する委員会の権限を認めない旨を宣言することができる。
 2 1の規定に従って宣言を行った締約国は、国際連合事務総長に対する通告により、いつでもこの宣言を撤回することができる。
第11条 締約国は、その管轄下にある個人がこの議定書に従って通報を行った結果として虐待または脅迫を受けないことを確保するためにあらゆる適当な措置をとる。
第12条 委員会は、この議定書に基づく活動の概要を、条約第21条に基づく年次報告の中に含める。
第13条 各締約国は、条約およびこの議定書を広く周知させ広報することな

らびに委員会の見解および勧告、とくに当該締約国に係るものに関する情報を利用する機会を容易にすることを約束する。

第14条　委員会は、この議定書により付与される任務を行う際に従う委員会の手続規則を作成する。

第15条　1　この議定書は、条約に署名し、これを批准しまたはこれに加入した国による署名のために開放しておく。

　2　この議定書は、条約を批准しまたはこれに加入した国により批准に付される。批准書は、国際連合事務総長に寄託する。

　3　この議定書は、条約を批准しまたはこれに加入したすべての国による加入のために開放しておく。

　4　加入は、加入書を国際連合事務総長に寄託することによって行う。

第16条　1　この議定書は、10番目の批准書または加入書が国際連合事務総長に寄託された日の後3箇月で効力を生ずる。

　2　この議定書は、その効力発生の後に批准または加入する国については、その批准書または加入書が寄託された日の後3箇月で効力を生ずる。

第17条　この議定書については、いかなる留保も許されない。

第18条　1　この議定書のいずれの締約国も、改正を提案し、かつ、改正案を国際連合事務総長に提出することができる。事務総長は、直ちに、締約国に対し、改正案を通知し、改正案の審議および投票のために締約国会議の開催についての賛否を事務総長に通報するよう要請する。締約国の3分の1以上が会議の開催に賛成する場合には、事務総長は、国際連合の主催の下に会議を招集する。会議において出席しかつ投票する締約国の過半数によって採択された改正案は、承認のため、国際連合総会に提出される。

　2　改正は、国際連合総会が承認し、かつ、この議定書の締約国の3分の2以上の多数がそれぞれの憲法上の手続に従って受諾したときに、効力を生ずる。

　3　改正は、効力を生じたときは、改正を受諾した締約国を拘束するものとし、他の締約国は、改正前のこの議定書の規定（受諾した従前の改正を含む。）に引き続き拘束される。

第19条　1　いずれの締約国も、国際連合事務総長に対して書面による通告を行うことにより、いつでもこの議定書を廃棄することができる。廃棄は、事務総長が通告を受領した日の後6箇月で効力を生ずる。

　2　廃棄は、廃棄が効力を生ずる日の前に第2条の規定に基づいて提出される通報または第8条の規定に基づいて開始される調査に対してこの議定書の規定が引き続き適用されることを妨げない。

第20条　国際連合事務総長は、すべての国に対し、次の事項を通知する。

　(a) この議定書に基づく署名、批准および加入

◆ 資料2：女子に対するあらゆる形態の差別の撤廃に関する条約選択議定書

 (b) この議定書が効力を生ずる日および第18条の規定に基づき改正が効力を生ずる日
 (c) 第19条の規定に基づく廃棄
第21条 1 この議定書は、アラビア語、中国語、英語、フランス語、ロシア語およびスペイン語をひとしく正文とし、国際連合に寄託される。
 2 国際連合事務総長は、この議定書の認証謄本を条約第25条に規定するすべての国に送付する。

(『ジェンダー六法』〔信山社、2011年〕参照)

事項索引

◆ あ 行 ◆

ILO100号条約 …………………… 36
安全保障理事会1325号決議 …… 143
育休切り ………………………… 49
育児休業 ………………………… 45
育児休業法 ……………………… 46
遺族厚生年金 …………………… 65
遺族補償年金 …………………… 62
一般職 …………………………… 34
WID（ウィド） ………………… 148
エイズ →HIV／エイズ
HIV／エイズ …………………… 135
MDGs ……………………… 135, 150

◆ か 行 ◆

介護保険法 ……………………… 73
開　発 ………………………… 147
カイロ行動計画 ……………… 131
GAD（ガド） ………………… 149
過労死 …………………………… 59
過労自殺 ………………………… 59
逆差別 …………………………… 84
旧ユーゴスラビア国際刑事裁判所
　（ICTY） ……………………… 141
旧ユーゴ紛争 ………………… 141
クォータ制度 …………………… 85
後遺障がい ……………………… 65
強かん ………………………… 109
強かん神話 …………………… 110
行動綱領 ………………………… 4
高齢社会 ………………………… 69
高齢者虐待防止法 ……………… 74
国際刑事裁判所（ICC） ……… 141
国際人口・開発会議 ………… 131
国際組織犯罪防止条約 ……… 128
国内適用可能性 ………………… 5
個人通報（制度） ………… 117, 155

コース別雇用管理制度 ………… 33
ゴール・アンド・タイムテーブル
　方式 …………………………… 85
子ども手当 ……………………… 56
婚姻適齢（婚姻年齢） ………… 17
婚外子 …………………………… 13

◆ さ 行 ◆

災　害 ………………………… 144
再婚禁止期間 …………………… 16
差別撤廃義務 …………………… 7
暫定的特別措置 ………………… 79
ジェノサイド（大量殺戮） … 142
ジェンダー ……………………… 25
　──に基づく暴力 ………… 115
ジェンダー・エンパワーメント … 33
ジェンダー・ハラスメント …… 99
時間的な管轄 ………………… 158
事項的な管轄 ………………… 158
事実婚 …………………………… 12
自動執行性 ……………………… 5
主要人権条約 ………………… 155
受理可能性 …………………… 158
条約の間接適用 ………………… 6
女性差別撤廃委員会 …………… 4
女性に対する暴力に関する
　立法ハンドブック ………… 117
親告罪 ………………………… 111
人身取引 ……………………… 121
人身取引議定書 ……………… 126
人身取引対策行動計画 ……… 127
人身売買（罪） …………… 121, 127
人的な管轄 …………………… 158
人道に対する罪 ……………… 142
CEDAW（スィードゥ／セドウ） … 4
性感染症（STD） …………… 136
生殖医療技術 ………………… 137
性的自己決定権 ……………… 137

索　引

性的自由 …………………………… *102*
政党助成金 ………………………… *87*
性と生殖の健康・権利 …………… *131*
成年後見制度 ……………………… *75*
政府報告書審査 …………………… *8*
性別役割分業 ……………………… *25*
性暴力・性的暴力 ………………… *109*
セクシュアル・ハラスメント …… *99*
　キャンパス・セクハラ ………… *99*
　スクール・セクハラ …………… *99*
　スポーツ・セクハラ …………… *99*
積極的改善措置 …………………… *84*
戦争犯罪 …………………………… *142*
総合職 ……………………………… *34*
相当な注意義務 …………………… *159*

◆ た 行 ◆

待婚期間　→再婚禁止期間
代理出産 …………………………… *137*
代理母 ……………………………… *137*
堕胎罪 ……………………………… *133*
男女共同参画基本計画（第三次）
　…………………………… *30, 79, 106*
男女共同参画社会基本法 ……… *30, 79*
調査制度 …………………………… *157*
賃金格差 …………………………… *33*
DV　→ドメスティック・バイオレンス
DV防止法（配偶者からの暴力の防止
　及び被害者の保護に関する法律）… *93*
同一価値労働・同一報酬 ………… *35*
ドメスティック・バイオレンス（DV）
　………………………………………… *89*
　デートDV ……………………… *95*

◆ な 行 ◆

二次被害 …………………………… *106*
入管法（出入国管理及び難民認定法）
　…………………………………… *127*
人間の安全保障 …………………… *149*
妊産婦死亡率 ……………………… *135*
年金分割制度 ……………………… *72*

◆ は 行 ◆

配偶者暴力相談支援センター …… *94*
パパママ育休プラス ……………… *48*
パリテ法 …………………………… *86*
PTSD ……………………………… *105*
非正規雇用 ………………………… *38*
兵庫宣言 …………………………… *144*
平　等 ……………………………… *147*
夫婦別性 …………………………… *11*
フォローアップ …………………… *22*
平　和 ……………………………… *147*
平和維持活動（PKO） …………… *141*
平和構築活動 ……………………… *143*
保護命令 …………………………… *94*
ポジティブ・アクション ………… *83*
母体保護法 ………………………… *134*

◆ ま 行 ◆

マタニティ・ハラスメント ……… *99*
ミレニアム開発目標　→MDGs
民法改正 …………………………… *17*
メディア …………………………… *30*

◆ や 行 ◆

UN Women ……………………… *152*
優生保護法 ………………………… *133*

◆ ら 行 ◆

履行確保 …………………………… *8*
リプロダクティブ・ヘルス／ライツ
　…………………………………… *131*
ルワンダ国際刑事裁判所（ICTR）… *141*
ルワンダ紛争 ……………………… *141*
労災保険 …………………………… *59*
労災補償 …………………………… *62*
老老介護 …………………………… *72*

◆ わ 行 ◆

ワークライフバランス …………… *45*

181

―― 執筆者紹介 ――

林　陽子（はやし ようこ）　第 1、4、14、15、16 章

〈現在〉弁護士（アテナ法律事務所）、女性差別撤廃委員会委員（2008 年 1 月より）、内閣府男女共同参画会議「女性に対する暴力専門調査会」委員
1979 年早稲田大学法学部卒業、1983 年弁護士登録

加城千波（かじょう ちなみ）　第 7、9、10、12 章

〈現在〉弁護士（アテナ法律事務所）、東京家庭裁判所調停委員
1982 年早稲田大学法学部卒業、1986 年弁護士登録

大村恵実（おおむら えみ）　第 6、8、13 章

〈現在〉国際労働機関(ILO)本部勤務
2000 年東京大学法学部卒業、2002 年弁護士登録
2006 年ニューヨーク大学ロースクール（LL.M.）修了
2007 年ニューヨーク州弁護士登録

金塚彩乃（かねづか あやの）　第 2、3、5、11 章

〈現在〉弁護士（アテナ法律事務所）
2003 年東京大学法学部卒業、2004 年弁護士登録
2006 年パリ第二大学留学、2007 年パリ弁護士会登録

〈編著者〉

林　　陽　子（はやし　ようこ）

弁護士，女性差別撤廃委員会（国連条約機関）委員

〈現代選書5〉

女性差別撤廃条約と私たち

2011（平成23）年11月1日　第1版第1刷発行

編著者　林　　陽　子
発行者　今　井　　貴
発行所　㈱信　山　社
〒113-0033 東京都文京区本郷6-2-9-102
電　話　03（3818）1019
FAX　03（3818）0344
info@shinzansha.co.jp
出版契約 No.3285-01011　printed in Japan

Ⓒ編著者，2011. 印刷・製本／亜細亜印刷・渋谷文泉閣
ISBN978-4-7972-3285-1　C3332
3285-012-022-020-002：P1800E：P200
NDC分類 321.400．ジェンダー法

「現代選書」刊行にあたって

　物量に溢れる、豊かな時代を謳歌する私たちは、変革の時代にあって、自らの姿を客観的に捉えているだろうか。歴史上、私たちはどのような時代に生まれ、「現代」をいかに生きているのか、なぜ私たちは生きるのか。

　「尽く書を信ずれば書なきに如かず」という言葉があります。有史以来の偉大な発明の一つであろうインターネットを主軸に、急激に進むグローバル化の渦中で、溢れる情報の中に単なる形骸以上の価値を見出すため、皮肉なことに、私たちにはこれまでになく高い個々人の思考力・判断力が必要とされているのではないでしょうか。と同時に、他者や集団それぞれに、多様な価値を認め、共に歩んでいく姿勢が求められているのではないでしょうか。

　自然科学、人文科学、社会科学など、それぞれが多様な、それぞれの言説を持つ世界で、その総体をとらえようとすれば、情報の発する側、受け取る側に個人的、集団的な要素が媒介せざるを得ないのは自然なことでしょう。ただ、大切なことは、新しい問題に拙速に結論を出すのではなく、広い視野、高い視点と深い思考力や判断力を持って考えることではないでしょうか。

　本「現代選書」は、日本のみならず、世界のよりよい将来を探り寄せ、次世代の繁栄を支えていくための礎石となりたいと思います。複雑で混沌とした時代に、確かな学問的設計図を描く一助として、分野や世代の固陋にとらわれない、共通の知識の土壌を提供することを目的としています。読者の皆様が、共通の土壌の上で、深い考察をなし、高い教養を育み、確固たる価値を見い出されることを真に願っています。

　伝統と革新の両極が一つに止揚される瞬間、そして、それを追い求める営為。それこそが、「現代」に生きる人間性に由来する価値であり、本選書の意義でもあると考えています。

2008年12月5日　　　　　　　　　　　　　　　　信山社編集部

◆**ドイツの憲法判例**〔第2版〕
　ドイツ憲法判例研究会 編　栗城壽夫・戸波江二・根森健 編集代表
・ドイツ憲法判例研究会による、1990年頃までのドイツ憲法判例の研究成果94選を収録。ドイツの主要憲法判例の分析・解説、現代ドイツ公法学者系譜図などの参考資料を付し、ドイツ憲法を概観する。

◆**ドイツの憲法判例 II**〔第2版〕
　ドイツ憲法判例研究会 編　栗城壽夫・戸波江二・石村修 編集代表
・1985〜1995年の75にのぼるドイツ憲法重要判決の解説。好評を博した『ドイツの最新憲法判例』を加筆補正し、新規判例を多数追加。

◆**ドイツの憲法判例 III**
　ドイツ憲法判例研究会 編　栗城壽夫・戸波江二・嶋崎健太郎 編集代表
・1996〜2005年の重要判例86判例を取り上げ、ドイツ憲法解釈と憲法実務を学ぶ。新たに、基本用語集、連邦憲法裁判所関係文献、I〜III通巻目次を掲載。

　≪好評関連書≫
　◇19世紀ドイツ憲法理論の研究　栗城壽夫 著
　◇ドイツ憲法集〔第6版〕　髙田敏・初宿正典 編訳

◆**フランスの憲法判例**
　フランス憲法判例研究会 編　辻村みよ子 編集代表
・フランス憲法院(1958〜2001年)の重要判例67件を、体系的に整理・配列して理論的に解説。フランス憲法研究の基本文献として最適な一冊。

信山社

柳原正治・森川幸一・兼原敦子 編
プラクティス国際法講義

潮見佳男 著
プラクティス民法 債権総論〔第3版〕

木村琢麿 著
プラクティス行政法

山川隆一 編
プラクティス労働法

大村敦志 著　フランス民法
潮見佳男 著　債務不履行の救済法理
潮見佳男 著　不法行為法 II（第2版）

――――信山社――――

講座 国際人権法 1　国際人権法学会15周年記念
◆**国際人権法と憲法**
　編集代表　芹田健太郎・棟居快行・薬師寺公夫・坂元茂樹

講座 国際人権法 2　国際人権法学会15周年記念
◆**国際人権規範の形成と展開**
　編集代表　芹田健太郎・棟居快行・薬師寺公夫・坂元茂樹

講座 国際人権法 3　国際人権法学会20周年記念
◆**国際人権法の国内的実施**
　編集代表　芹田健太郎・戸波江二・棟居快行・薬師寺公夫・坂元茂樹

講座 国際人権法 4　国際人権法学会20周年記念
◆**国際人権法の国際的実施**
　編集代表　芹田健太郎・戸波江二・棟居快行・薬師寺公夫・坂元茂樹

――――――――― 信山社 ―――――――――

ブリッジブック国際人権法

芹田健太郎・薬師寺公夫・坂元茂樹 著

国際人権法の基礎を一冊に凝縮。歴史と展開、その可能性を説明し、基礎理念を分かりやすく提示した、好評テキスト。

ヨーロッパ人権裁判所の判例

〈編集〉戸波江二・北村泰三・建石真公子・小畑 郁・江島晶子

解説判例 80 件に加え、概説、資料も充実
来たるべき国際人権法学の最先端

信山社

◆ジェンダー六法　山下泰子・辻村みよ子・浅倉むつ子・二宮周平・戒能民江 編

四六版・並製・776頁　3,200円（税別）

学習・実務に必携のジェンダー法令集

主要条約・法令に加え、勧告、議定書、通知・通達等、通常入手しにくいものも多く収め、ジェンダー法へのアクセスに資する。各分野の信頼の編集陣が検討・編集した内容は、学生の勉強からプロフェッショナルの利用までカバー。ジェンダー法がコンパクトに纏まった類を見ない待望の書。

◆ドメスティック・バイオレンス　戒能民江 著

A5判・上製・256頁　3,200円（税別）

DVの取組と本質を研究し問題提起

DV研の調査から10年、日本にも、DV防止法が施行され、2002年4月「配偶者暴力相談支援センター」が開設された。ドメスティック・バイオレンスを女性の人権問題として取り組み、核心に迫る定義を追い続ける著者の、現実社会と切り結びながら行われた。ジェンダー視点からの女性に対する暴力に関する法学的研究。

◆ドメスティック・バイオレンスの法　小島妙子 著

A5判・上製・530頁　6,000円（税別）

DV根絶への願いをこめて著された書

従来、個人的な問題として扱われてきたドメスティック・バイオレンスは、被害者の救済という点からみて法的な対応は十分ではなかった。2001年、DV防止法が成立し、DVに対する施策が本格的にスタートしたが、本書はDV根絶への願いをこめて、DVの実態、DVに対する法状況を紹介するとともに救済のあり方について考察する。

——— 信山社 ———

◆ 国連経済社会局女性の地位向上部 ◆
女性に対する暴力に関する立法ハンドブック

まえがき：林 陽子（弁護士、女性差別撤廃委員会委員）
編訳：ヒューマンライツ・ナウ
翻訳：雪田樹理・清末愛砂・福嶋由里子・生駒亜紀子

◆ 国連人権高等弁務官事務所 ◆
市民社会向けハンドブック
―国連人権プログラムを活用する―

監訳：阿部浩己
翻訳：安孫子理良・伊藤和子・枝川充志・須田洋平

信山社